光を聞く（続）

―どう生き　どう死ぬか―

松塚豊茂

永田文昌堂

まえがき

ひとつの譬えから始めよう。大工があって家があるのだろうか、それとも家があって大工があるのだろうか。言うまでもなく、大工があって家がある。人間の身体を家にたとえると、家はせいぜい百年で朽ちはてる。では、家を建てた大工はどうなるのか。家が朽ちるとともに、消滅するのか。身体を〝すべて〟と考えると、身体の滅びとともにすべてはなくなる。唯物論者たちはそのように考えるだろう。死は一切の壊滅、あとに何も残らないと。多分、医師たちもそのように考えていると思う。彼らは患者の身体のみを見ているから。精神科医もこころを脳の所産と考えるだろう。

さて、「衆生は身見をもつてのゆゑに、三塗の身・卑賤の身・醜陋の身・八難の身・流転の身を受く」（七祖、八四）に鑑みるに、身体のもとに「身見」が考えられている。所縁の法について「身見」、能縁の法について「我見」と言われるから、肉体の死はすべての壊滅を意味しない。前述の譬えで言えば、家は朽ちても大工は残る。大工は新しい家を建てるであろう。曇鸞『論註』はこの間の消息を教える。

さて、キルケゴール「死に至る病」は、身見・我見の西洋版と言えるだろう。つまり、「死に至る病」は実は死ねない病なのである。しかしそうかと言って生きる希望があるわけでなく、生きるに生きられない死ぬに死ねない病をいう。はからずも「されば死出の山路のすゑ、三塗の大河をばただひとりこそゆきなんずれ」(浄土真宗聖典、第二版、一一〇〇ページ)を思い出す。仰せのように、死ぬということはない。ゆえに自殺は不可能な自己矛盾の概念と言わねばならぬ、自殺は深い我意の現れ、身体・肉体を滅すことができても自殺しようとする我見・身見は死なないから。「われいま回らばまた死せん。住まらばまた死せん、去かばまた死せん」(二二四)「本願を信受するは、前念命終なり。……即得往生は、後念即生なり」(五〇九)は、絶対の生と死が本願を廻ること、本願における生と死、生即死　死即生を説く。死ねない病も本願において死ぬ。これほどめでたい死はなかろう。禅に「大死一番乾坤新たなり」とある。キルケゴールも「救済は〝死ぬ(Sterben)〟ことによって〝死にきる(Absterben)〟ことによって成立する」と言う。「前念命終」「三定死」は、この間の消息を伝える。「大死」「三定死」において、「死」の不安の不安性、恐怖の恐怖性が脱落、「死」のリィアリティーが抜かれる。残るのは呼吸と心臓の停止のみ。念仏者にとって肉体の死は、自然現象にすぎない。「大死」「三定死」をめぐって身心の意味がかわる。そこにおいて消滅・流転の身心が脱落、「身心脱落」(道元)脱自存在の成立、脱自存在としての真人の誕生にほかならぬ。それを称《たた》えて「正定聚」と言われる。医学の終るところ——医学はいのちのやりとりの最後のたたかいに、必ず敗れる

（日之原重明）――を先取りして念仏者は生きる。「すべては虚しい」。ニーチェの言うニヒリズムの現前。ニヒリズムにおいてすべての存在するものは、そのリィアリティを失う。ニヒリズムは、例えばヒューマニズム、マルキィシズと並ぶような一つの思想ではない。むしろニヒリズムはすべての思想がそこへ流れこむような深淵と言われなければならぬ。「諸行無常　諸法無我　涅槃寂静」は仏教の掲げる旗印・三法印。前二句はニヒリズムと響き合うだろう。「諸行無常」は、すべての存在するものの滅び、帰無を告げる。すべての存在するものは、帰無の道を辿りその意味を失う。生は意味もなく目的もなく、どこまでも生自身に流れ入る。ヘラクレイトスの言う万物流転と共鳴するであろう。先述の「大死」「三定死」は、ニヒリズムの最後の帰結を引き受ける場所にほかならぬ。

どうでもよいことにカンカンになり、大事なことをコロット忘れる。相対的目的に絶対的に関係し絶対的目的に相対的に関係する――頽落したあり方――、それを世間という。世間は虚しい。世間のあり方すべては虚しく、世間はニヒリズムに呑みこまれる。「しかるに世の人、薄俗にしてともに不急の事を諍ふ」（五四）は、ニヒリズムの現前と言える。『大経（巻下）』における世尊の説教（三毒段・五悪段）として名号の真理の現前である。すなわちニヒリズムは名号の莢《さや》にほかならぬ。莢が割れて豆が跳び出すように、ニヒリズムが割れて名号が跳び出す。名号との関係において虚無が虚無として露堂する。名号は虚無の全現する場、そして虚無を超える場にほかならぬ。

名号は自己存在の全体を要求するゆえに、ニヒリズムの超克は身体の立場。ニヒリズムを超えて宗教的実存の成立と言える。以上のようにブッディストはニヒリストを背後にする。ニヒリスト・ブッディスを貫くのは身体の立場、宗教的実存は身体の立場である。では、そういう身体とは何であろうか。既述のように、身見・我見において流転輪廻、生死流転の場は身見・我見にほかならぬ。感性・理性を含めた全体が身見・我見のもとに成立する。それゆえに「人間とは、理性的動物である」という規定は人間の周辺を廻るのみで本質にあたらぬ。人間の本質はさらに深いところから規定されている。

『浄土論註』の指南によって、流転輪廻の主体は我見・身見の地平に立つことがあきらかになった。感性・理性の全体が我見・身見によって貫通され、最も客観的認識と称せられる科学も我見・身見の地平を脱していない。核爆弾に象徴されるように、科学・技術も大国間の権力抗争の地平——権力欲は我見・身見の現実化——のもとにある、すべての存在するものの無制約な対象化（Vergegenständlichung）も我見・身見の現成と言える。そういう対象化において「近－現代」の形而上学を考えるならば、今言ったように科学・技術も対象化の視圏のもとに立つ。〝表象の対象との一致〟としての真理概念、つまり〝正当性〟も隠れた主観性を脱していない。

「ちがひのやうは、「無上仏にならしめん」と誓ひたまへるなり。無上仏と申すは、かたちもなくまします。かたちもましまさぬゆゑに、自然《じねん》とは申すなり。かたちましますとしめすときは、無上涅槃とは申さず。かたちもましきぬやうをしらせんとて、はじめに弥陀仏とぞききて候ふ」（六二一）。「自然法爾章」の説く自然《じねん》は、科学のいう自然《しぜん》ではない。自然《じねん》は自然《しぜん》から無限の深淵を隔てる。自然《しぜん》は我見・身見の地平のもとに立つが、自然《じねん》はその地平脱落と一つに成立。自然《じねん》は対象性を底なく脱する。そういう離脱において、ありのまま・如実性・露堂々を自《じ》然《ねん》という。

我見・身見の脱落は、既述のように「大死」にほかならぬ。生滅身心を脱ぎすてて永遠の生が生きられる。生滅身心の脱落、永遠の身心の誕生。全身心が絶対の死と絶対の生を廻る。あるいは絶対の死と生が全身心をを廻る。宗教的実存・念仏者は、そういう転換において絶対の死、同じことであるが絶対の生を生きる。「念仏申さんとおもひたつこころ」（八三一）は、永遠の生の誕生にほかならぬ。すなわち名号が全身心を貫通、全身心が名号の真理証明となる。「念仏三昧において信心決定せんひとは、身も南無阿弥陀仏、こころも南無阿弥陀仏なりとおもふべきなり」（一三九〇）。すなわち、身心の全体が真理証明の場となる。感性も理性も我性（身見・我見）の支配を脱して、名号の真理を証明する。感性・理性の意味が変わる。そういう身心の全体における真理証明が、『光を聞く』となった。

名号は根源語、つまり如来から施与される言葉にほかならない。名号においてあらゆる言葉が奪われ、あらゆる言葉が施与される。名号は言葉の与奪の場。言葉の意味が転じられ、言葉が新しくなる。そういう言葉に規定されて、『光を聞く』となった。「光を聞く」における思考は、理性的思考ではない。ハイデッガーの言うように、「理性は思考の最も頑固な敵対者」である。

折りに解れ機に触れてこころに浮かんだ言葉を書きとめて来た。それが『光を聞く―どう生きどう死ぬか―』（永田文昌堂、二〇二〇年）となった。拙著はこの続編。その不完全なことはいうまでもないが、それも仏光の照護なるを到思するとき、仏恩師恩の広大なる天地をつつむをおぼえる。

二〇二四年六月

松江にて

著者

目次

宗教一般

○人類は人類の造ったものによって滅んでいくだろう。〝核兵器〟だ。

○固定された思考回路ができてしまって、それを断ち切るのがとても難しい。

○ストレス解消のために念仏申すわけではないが、結果としてそうなる。

○唯物論も観念論も間違い。

○人生の全体が、念仏を聞くか否か――その一点にかかる。

○宗教的要求は生命そのものの要求だ。滅びの命を捨て永遠の命を得んとする要求だ。

○宗教的思考は光、自己を照らす光だ。

○「回心についてはただ遠方からの報告として聞いたことがあるだけの『生れながらのクリスチャン』は、暗黒から光明に向かって死闘するわれわれに多くの助けを与え得ない……」（内村鑑三）。

○我意とは、神の積極性を顚倒したかたちで映しているのではないか。本質的には神に対する反抗である。

○宗教から来たものは、決して自殺に結びつかない。自己及び世界の全体が絶対の死の相において現前する、そこが転換軸になる。〝焼いた魚が泳ぎ出す。焙り豆が芽をふく。〟

○絶望の反対は、希望ではなく信仰だ。

○私にとっては、イエスキリストが神の子であれただの人間であれ全く関係がない。キリスト教への決断の根拠が抜き去られている。

○「『正法念経』にのたまはく、〈人戒を持たざれば……疾疫競ひ起り…」（四六六）。――いまのコロナ流行を思う。病気は行為と見えない系で結びついている。

○　聖道門は「行」が難しい。浄土門は「信」が難しい。

○　仏法とは、何もかもとられる裸になるをいう。晩進の人は、逆に仏法とか信念とかで武装する。それを仏法者づらをするというのだ。

○　「主観－客観」の全体が阿頼耶識の所摂である。

○　「よしあしの文字をもしらぬひとはみなまことのこころなりけるを　善悪の字しりがほはおほそらごとのかたちなり」（六二二）。
「善悪のふたつ、総じてもって存知せざるなり」（八五三）。
「仏智不思議につけしめて　善悪浄穢もなかりけり」（六一六）。

○　比較宗教学――比較する自己が残るかぎり、学は迷いだ。

○　ＮＨＫ「こころの時代－宗教・人生」は、ほとんどヒューマニズムになってしまっている。ヒューマニズムは宗教ではない。

○ 科学と宗教との対話はどうして成立するだろうか。成立のために共通の地盤がなければならぬ。科学は近代的合理的主体性（理性）に基づくから、結局は理性と宗教との関係いかんの問いとならざるを得ない。

○ 宗教のない愛は、かならず執着になる。男女の愛情は、性愛になるだろう。愛は大きな破滅を秘めている。エロースだからだ。

○ カトリックの神父は、夫婦愛の根底に神の愛を考えている。しかも連続的に。そこには絶対の断絶がない。トマスを見てもわかるように、主知主義的。

○ 神道は汎神論だと思う。

○ 宗教における理解——二義性の一義透明、一義性の二義透明。わかるはわからないと一つに、わからないはわかると一つに成立する。

○ 宗教において〝わかる〟とは何か（NHK、二三・六・一〇こころの時代を聞いて）。

哲学的諸問題

○見たり聞いたりするものがすべてで、そのほかに何もない。そういう考え方が死ねばしまいだ、何も残らぬという邪見だ。唯物論者は邪見のもとに立つ。

○根源的な問い——考えるとは何か。それを問うたことがあるだろうか。

○「あるもの（das Seiende）」のあるの自明性か疑問符に化す。私たちの生活はそういう自明性で営まれているのであるが。

○我見・身見は、身心関係をそのもとに摂める。

○時間・空間も観念・表象にすぎない。

○すべては宗教と科学との関係に摂まるだろう。

○反省によって自己はわからぬ。反省する私は反省できないから。

○「主観－客観－関係」も、すでに反省の産物だ。したがって科学的真理としての正当性も、それだ。「われあり、ものあり」も独断と言える。

○考えるというのは、単にわかろうとすることではない。まして憶えることではない。聖教によって生活を照らし生活によって聖教を読むこと、そういうかたちで自己において大きな疑問が現前することである。

○〝なるようにしかならない〟と、自分が自分を引き受ける。それが他力自然法爾だ。因みにそれが最高のストレス解消法だ。何故ならば、ストレスは自分を自分以上に見せようと虚勢を張るところから来るからだ。

○唯物論も観念論もその考え方に、共通のものがある。それはやはり〝表象する〟ということであろう。対象的に、私も物（我も法）もとらえられている。〝ある〟ということは、対象の対象性にほかならぬ。

○何かしっかりしたものをもたないと、うかうか哲学に首をつっこんではいけない。ジャングルに迷いこむようなものだ。

○ 人間の愛が昇華されて仏心に転ずるということは、絶対にない。ヒューマニズムに宗教との接点はないのだ。

○ 人間の本質は、計算できないものに属する。

○ 個を徹底する方向に、他者への通路が開かれる。

○ ニーチェの「神は死んだ（Gott ist tot）」をどう解すべきか。中村うさぎは「この言葉を発見しますます深く絶望した」と言う（〇四・六・六）。「神は死んだ」は大きな肯定への転換点だと私は思う。

○ 現代人は計算という考え方しか知らぬ。虚妄分別だ、「妄想顚倒」（六一九）だ。

○ 後悔は無意味だ。後悔は自由を前提するが、その自由は人間のなかにないから。

○人類は人類の作ったものによって滅んでいくだろう。核兵器だ。

○現代人は計算という思考法しか知らぬ。

○〝ある〟は〝生きる〟、〝生きる〟は〝ある〟だ（波多野精一）。ハイデッカーは、生涯〝ある〟を追求した。

○絶対矛盾に死に切る－質的弁証法。

○厳密な学をもち得たということが、「近－現代人」の自信につながった。その基礎を措いたのはデカルト。しかしニヒリズムにおいてデカルトが疑問符に化す。

○宗教的実存から時間・空間も考えられる。ニュートンが考えたような絶対的な時間も空間もない。

○〝時〟も行為から考えられなければならない。実体的な客観的時間はない。行為がなければば時間はないだろう。

○ 現象のほかに現実はなく、現実のほかに現象はない。如実相・自然《じねん》だ。

○ 理性の立場は、本願の観念化を意味し如来の生命を抹殺する。

○ 全体をとらえ得ないことは確実であるが、全体のなかにいるということもまた確実である。

○ 理性は信心に対する〝最も頑固な敵対者〟である。

○ 真理は主観の対象との一致としての正当性ではなく、ありのまま・そのままとしての露堂だ。科学的真理は絶対真理ではない。

○ 何かはっきりしたものを体験的にもっていないと、哲学はできぬ。

○ ニヒリズムを行くところまで行かせる――そこに厭世主義（ペシミズム）を通り抜けるとこ

ろがある。ペシミズムは、ニヒリズムの前段階だ。

○根源的な不安において論理学の支配は破られる。論理学は最後の法廷ではない。

○絶対否定即絶対肯定は形式論理学ではない。「煩悩具足の凡夫、火宅無常の世界は、よろづのこと、みなもってそらごとたはごと、まことあることなきに、ただ念仏のみぞまことにておはします」（八五三－八五四）。絶対否定即絶対肯定をいう。

○時空というも観念・表象だろう。

○真理は表象の対象との一致としての正当性（die Richtigkeit）でなく、丸出し・覆いなく現れるということだ。正当性は科学的真理。

○時間が連続的、あるいは幅をもつ。それは私たちの心に関係するからだろう。動いてとどまらぬ私たちの心（煩悩）のほかに時間はない。物理学は、〝時間は計算できる何ものかだ〟という考え方を離そうとしない。

○　脳科学者は倫理道徳をも脳細胞に還元するだろう、唯物論に帰る。科学のなかには、必然的に唯物論への傾きがある。

○　過去は記憶であり、未来は期待である。しかも過去と未来の全体を背負うのは現在にほかならぬ。ところが、その現在たるや実に頼りない。ひたすら帰無の道を辿る。

○　文化というものが、日常性の座を破って更に深い現実や眞実に直面させるという本来の意味を失い、逆に人間の現実からの逃避の物となっている。これは文化の退廃である。その原因は、現代文化が深い宗教性に裏づけられていないからである。

○　「最も遠いものは、最も近いものだ」（Heidegger, Bd. 94. S. 284.）。

○　ヘラクレイトスの万物流転の説のように、時は流れてやまないもの一瞬もとどまらないもの（固定された実体のないもの）であるから、時は動いているままとらえられるほかにない。それは流れて流れないもの、流れずして流れるものである。涅槃とは、それである。「動即静、静即動」。

○責任は時間の次元で考えられない。時間を超えたところに根をもつ。

○業報必然は自由の否定。自由は人間のなかにない、本願にある。

○学生の答案を読むと、虚無の必然性ということがよくわかる。虚無の必然性はそのまま宗教の必然性につながる。マルキストの言うように、虚無は社会体制の変革では決してカタがつかない。

○虚無は、つねに餓えて餌を求めて飽くことを知らぬ。何を聞くでもなく、テレビやラジオが鳴っていないと何となくたよりないのもそのゆえだ。

○唯物論も観念論も間違い。いずれも表象にすぎぬ。

○時というのはわからない。何故ならば、認識は固定したものに止めるということであるが、時は動いてやまないからである。だから、もし時をとらえるということが成立するならば、動を動のままとらえるほかにはない。それが念仏だ。（過去は記憶であり、未来は期待であるが、その過去と未来を支えている現在が不可得だ。だから、時はわからぬ)。

○ 〃もの〃をつかむことによって〃われ〃をつかみ、〃われ〃をつかむことによって〃もの〃をつかむ。執着は不自由の原理だ。

○ 時の連続ということも名号においてしか考えられぬ。名号を除けば、時は瞬間瞬間にずたずたに引き裂かれている。

○ 時においては、生ずるが滅びるであり滅びるが生じるである。時には、〃これ〃としてとらえるべき実体的な何ものもない。それが昔のことをふりかえれば、夢だということであろう。物理学は、時を計算することは知っても時をとらえることはできぬ。

○ 過去は記憶であり、未来は期待である。時の全体を背負うのは現在のほかにはない。しかもその現在が一瞬にして滅び去る。

○ 「惑染・逆悪斉しくみな生じ、謗法・闡提回すればみな往く」(四八六)。――ニヒリズムを通してニヒリズムを超える。ニヒリズムは、ニヒリズムを通すほかには超えられない。

○科学的真理は、表象、つまり主観に映った「存在するもの」のかげにすぎない。それを実在と執するところに、科学者の迷妄がある。

○独立自存を離れて共属はなく、共属を離れて独立自存はない。

○「人間とは何か」という問いが、形而上学の視圏では人間から発せられている。自問自答だ。理性的動物という人間の規定は人間に当らぬ。

○現代人は、計算という考え方しか知らぬ。省察（Besinnung）をまったく忘れている。

○ハイデッガー全集九四巻を読む。真宗流に言えば彼は、信心に徹底している。そうでなければ書けないことを書いている。

○哲学には進歩がない。進歩がないから退歩もない。

○ 善知識は如来だ。善知識の声は如来の声だ。声が決定である。

○ 詩人は実存の問題を言葉のレベルに解消する（二三・七・一、ＮＨＫこころの時代、宮沢賢治）。

○ 世界観は哲学ではない。

○ インターナショナリズムは、ナショナリズムを克服することができぬ。

○ 現代文明は不気味なものだ。

○ 科学は分析と綜合のほかにない。

○ 「科学は人間の高貴な問いに何一つ答えられない」（東昇）。

○ 科学は矛盾律のもとに立つ。宗教的真理は矛盾律に入って来ない。

○「仏光測量なきゆゑに　難思光仏となづけたり」（五五九）。考えるは考えられないと一つに成立。思考は計算から絶対の深淵を介する。

○科学的知は無根拠（der ohne Grund）、〝主観－客観－関係〟そのものが、大疑の渦に巻きこまれる。

○他者は自己を映す鏡である。

○理性を絶対否定即絶対肯定の無礙行が貫く。理性を通して理性を超える。本願は理性を貫通する。宗教的実存の立場。

○空想的な何ものかに抜け出ようとするのは、自己が自己であることに耐えられない弱さだ。

○詩人は実在の問題を言葉のレベルに解消する（ＮＨＫ、心の時代、二三・六・三、宮沢賢二）。

○現代を規定しているのは、進歩信仰だ。

○現代科学技術の根本に無制約的な対象化、ニーチェのいう意志への意志（Der Wille zum Willen）がある。

○流行歌は、キルケゴールのいう無限性の絶望だ。浮き上がらせるだけで足もとを忘れさせる。

○時間空間も観念にすぎない。真にあるのは、浄土のみ。

○ニーチェは「神は死んだ（Gott ist tot）」という。創造的な無仏の世界・三定死を通ったかどうか。

○ニヒリズムを通して言葉は新しくなる。言葉は、一義のまま二義透明、二義のまま一義透明。言葉は、それ自身であるとともに全くの他を語る。

○言葉の機能的なとらえ方は、その本質にあたらない。言葉は、単に意志伝達の手段ではない。

○生死の全体を含めて歴史を問う。流転の歴史がそのまま救済の歴史――決して史学の対象ではない。「一切の群生海、無始よりこのかた乃至今日今事に至るまで、穢悪汚染にして清浄の心なし、虚仮諂偽にして真実の心なし。ここをもって如来、一切苦悩の衆生を悲憫して、不可思議兆載永劫において菩薩の行を行じたまひし時、三業の所修、一念一刹那も清浄ならざることなし、真心ならざることなし」（二三一）。

○唯物論者は、理性を信じて煩悩を見ない、煩悩を切って捨てている。しかし、実は煩悩こそ理性よりも根源的なのである。共産主義において、感情の問題がもっとも遅れている理由がここにある。煩悩は情念であるから。

○主体性が真理。科学的真理はそこに定礎される。勝義の宗教・第十八願においては、主体性が非真理。

○ニヒリズムは安住の場でない。むしろ、すみやかに走り去られるところである。ニヒリズムの克服が、その本質をあらわにする。

○ 「夢」という言葉は好きではない。それは絶望の別名、「可能性の絶望（キルケゴール）」にほかならぬ。

○ 相対的な絶対否定は、創造的な局面を開かぬ。〝開く〟のは絶対的な絶対否定だ。機の深信とはそれをいう。

○ 大きな否定をもともと生は含んでいる。それゆえにあらゆる肯定はつねに否定と一つ。このことが生は本質的に弁証法的であるということである。

○ 唯脳論者は、必然的に虚無論者（死ねばしまいだ、何も残らない）となる。科学者はだいたいそうだろう。生物学者は「生命とは物質のあり方だ」と言う。彼らには宗教の占める場所がなくなる。

○ 意識を捨てて意識に出る。黙を通じて言うに出る。

○ 哲学は知識ではない。むしろ問いだ。問いから始めねばならぬ。

○信心は自由な思考に何の制限も加えない。むしろその真理性を保証する。思考は信心に定礎される。

○ハイデーガの現存在（Da-seyn）を、宗教的実存・正定聚と解する。

○「信心」を永遠が時を載る瞬間と考えると、「往生」が現在か死後かという論争は全く意味を失う。通常の時間表象は浄土には通用しないのだ。

○表象・想念も我執から自由ではない。そこには自我が貫通している。意識の自執構造、自意識はマナ識。

○ハイデッガーの「現存在」（Da-sein）は、真宗流に言えば正定聚だ。正定聚は宗教的実存。

仏道修行

○無分別の分別――無分別知を科学者は夢にも知らぬ。無分別知は般若の智慧。分別知は権知。

○人生の全体は、念仏を聞くか否かその一点にかかる。

○如来への反対決断（反逆意志）の反対決断としての「帰命の一念」、転悪成善。否定されて反逆意志が全貌をあらわす。

○阿頼耶識・第八識を開いて依正二報。「主観―客観―関係」の全体が阿頼耶識に摂まる。「八識田中一刀を下す」を聞いたことがある。阿頼耶識が真如に転成するわけだ。

○念仏者は成る（努力によって）ものではなく、生れるものだ。「信心は宿善の開発」は、それをいう。

○「衆生本来本法性天然自性身」（道元）。法蔵菩薩の願行と解釈する。

○ 仏の言葉に常識的な解釈をするのはよくない。「聖教は句面のごとくこころうべし」（一二六〇）。

○ 微塵の親切もないものが無限の親切を伝えるのだから、伝道は難しい。

○ この世は悲しいところ怖いところだ。老病死、愛別離苦のゆえに。この世は有難いところだ。南無阿弥陀仏が説かれているゆえに。

○ 何やかやといろんなことを言っても、身心を仏道に投げ入れるということがないかぎり、結局は仏教を処生の具に利用すると言われても仕方がない。それは広い意味で文化主義の立場に立つ宗教観である。

○ 礼拝は転法論、仏事だ。

○ 仏教という宝物は、伝統のなかに埋もれて死滅寸前。これを掘り起こし活気を与えるためには、西洋哲学との対決がなければならぬ。

○一切衆生の代表として、仏陀の前に立つ。参照、「全人類の代表者として神の前に立つ」（キルケゴール）。

○思考・感情の全体が、我執と一つにからみ合っている。そのかぎり真の現実に触れていない。我執が実相真如を覆う。

○業は広い意味での行為をいう。広い意味とは、身口意の三業といわれるように〝言うこと思うこと〟を含むからだ。

○人があって業があるのではなく、業があって人がある。自己とは行為だ。行為が死んで出てゆく先をきめる。

○自己の生起と他者の現われるのは同時。自己と他者は同時に成立する。

○「世間虚仮」とは、私が虚仮ということであって、それが聞法の出発点だ。「いまだ名利を捨てざれば発心と称せず」（道元）とは、それを言った。

○「億劫相別而須臾不離盡日相対而刹那不對」（大道国師）。

○第七識以下は、全部アラヤ識より生ずると説かれている。「転識」はたらきを起こす七つの識。転は、はたらきの意。これら七識は第八識から転じて現われた識であるから、この名があるとも解される。

○三世因果を信じる――仏道修行の基礎だ。

○仏・知識を対象的に考える――迷いのもとだ。真仏は人間の表象作用のなかに入って来ない。

○我見・身見は、身心の全体が現れる地平だ。

○三界・六道を、個定した枠組みのように考えてはいけない。三界・六道は迷いの衆生のすみか。私の心が、三界・六道。「地獄は一定すみか」（八三三）ということも、未来的に考えてはいけない。今の世界、そこに住む。「死後の世界」、聖人は死後の世界をもつねに、現在（絶対現在）から考えておられる。

○　自己の無は、出来事を出来事にまかすということである。それが如実相・自然《じねん》にほかならぬ。

○　「かたみとて何か残さん春は花、夏ほととぎす秋はもみじ葉」（良寛）。すべては如来の転法輪ということだろう。

○　「空・無相・無願の法に住して」（二七）。空の場における法蔵菩薩の修行——それが現れて聞法となる。

○　孤独は人生の総計算。地獄は孤独の徹底するところ。極楽は一切が一切に挨拶するところ。

○　実相真如は、〝まる出し〟であるとともに〝隠れている〟。

○　三世十方の諸仏・一切仏と言われる。それは普通の意味での多神教ではない。一切即

一、一即一切、事々無礙法界だ。

○「比丘の三衣はすなはちこれ三世の諸仏の幢相なり」（七祖、三八三）。着衣に自己を問われる。

○〝絶対の他と絶対の自の同一〟として仏と自己の関係が考えられる。

○このままであってまたこのままではいけない（鈴木大拙）。

○清浄なる世界が穢土に来るとは、穢土の骨格・宿業を露わにすることであろう。

○空は〝何もないないということもない〟をいうから、そのまま自由を意味する。一切の掟、価値規範を破って外に出たところをいう。

○〝すべて〟は自然《じねん》の二文字に摂まる。

○空の立場は、遊びと言えばいっそうの遊びだ。真剣と言えばいっそうの真剣だ。空の立場は脱自であるからだ。

○「しかるに一念の妄心によりて、生死の界に入りしよりこのかた、無明の病に盲ひられて久しく本覚の道を忘れたり」（七祖、一〇四九）――我意の成立、我意としての自己の成立。三世にわたる迷い。

○他の一切の救いにおいて自己のそれ、自己の救いにおいて他の一切のそれを見る。事々無碍法界の論理。

○近ごろ〝縁〟ということをしみじみ思う。〝諸法因縁生〟だ。

○前進前進のきわまるところ、一歩退く退歩就己が現成――それが転換軸となる。本願力の統べるところだ。

○〝このまま死んだら大変だ、行く先がこわい〟というだけではいかん。いままで自分の生き方が全く間違っていたということに気付かねばならぬ。

○法座は恩の一字のうえに成り立つ。恩徳のうえに座らせてもらっているのだ。自分の甲斐性で参詣しているように自惚れているけれども。

○堀内家の隣りに生を享けた。如来の善巧摂化だ。

○仏道は貪名愛利の心を貫通、その絶対否定だ。

○私が仏さまに向かうという方向が、一度はひっくりかえされなければならない。「自己をはこびて万法を求めるを迷いとなす」（道元）。そして仏から私へと方向が現れなければならぬ。その転換は、空の場。無上涅槃とか自然《じねん》とかと言われるのは、そのことである。

○なぜ仏道を求めなければならないか。仏道は真実なるがゆえだ。真実は「無上の功徳」（八一）。仏道修行とは本願の実現の道である。

○この世にはいのちより大事なもの、いのちを捨てても求めねばならないものがある。仏道・無上道だ。無上道は無上道なるがゆえに、真理は真理なるがゆえに求められなければならぬ。

○〝かたい〟とは、自力をたのむこころの強いこと、自己中心的なあり方から離れられないことを意味する。そこを堅く持して仏に対している。「自己をはこんでいる」のだ。

○獲信は、三願転入の自覚。要門・真門が弘願門に媒介される。要門の開説は観経、「諸悪莫作衆善奉行」だ。要真弘願、三願を貫く精神は、理想主義・無上道心にほかならぬ。この世にはいのちより生命より大事なものがある。それこそ無上道を志向する仏道である。

○「世知牟聴」世渡り上手なものは、仏法の器でない。理想主義は、世間との鋭い対立関係によって現れるから。世間と妥協するのは、仏道の根芽をつぶす。

○三願転入は、無上道心の現成。〝極楽はたのしむところと聞いて詣らんと思ふ人〟は、仏にならぬ。

○仏道を求めるものは、衣食を心配するな――。「……一切所須乏しきところなからしめん」

（四五〇）。

○仏道のもとに「生死の怖畏」（二八六）。帰依の内容。〝決定　仏果　涅槃〟。

○伝統を本当に受けるところにのみ、新しいものが出て来る。

○真実信心の行人は、三業四威儀が転法輪だ。それを「真如は諸法の正体なり」（七祖、一二二六）という。

○私が仏を探し当てたのではない。逆だ、仏が私を探し当てられたのだ。

○差別は平等を離れないし、平等は差別を離れない。差別即平等　平等即差別。

○弥勒菩薩さえも「仏の重誨を受けてあへて違反せじ」（七四）と誓っている。「釈迦・弥陀二尊に順ずる」――それのみが生死を出る道だ。

○この頃は在家で法座（家庭法座）を立てるところがなくなった。その点、堀内さまの見真会は稀有中の稀有だ。

○疑情の岩盤を破るのは、仏と自己、機と法の両者の一行だ。禅の言葉をかれば「啐啄同時」。

○一生かかって一人の信者もようつくらんようでは、仏祖・宗祖に申しわけがない。法脈が断えるではないか。法は人によって伝わる。

○仏も自己もひっくるめて一つの大きな疑問符になる。仏道は大疑を通り抜けて通じる。

○仏道修行とは、あらゆる個定観念・先入見からの脱脚――何もない、ないということもない。空無我解脱。

○わかろうわかろうとする分別知が、いちばんの障害だ。仏道は真実なるゆえに、求めざるを得ないから求める。前進前進また前進だ。そこに分別知を捨てしめられるということがある。

○朝夕の勤行は、如来の転法輪だ。

○仏道は、大きな疑いとともにはじまる。

○お勤めは大事だが、お勤めは出来ないと知らせられるのが、本当のお勤めである。

○〝いのち〟より大事なものがある——仏法だ。〝無上道心〟と言われる。

○真実は真実なるがゆえに求めるのだ。仏道によって「利益」を得んとするは、邪道だ。

○ハイデッガーの不安は、どうも後生苦と結びついているような気がする。

○無上道心は、本願から来る。本願のおこりは〝苦悩の有情を救う〟である。それゆえに道心の現れとしての説教は、〝考病死、人間の苦悩〟を説くことでなければならぬ。

○仏道を無上道ともいう。道心はこの世にはカンカンになる何ものもないこと、〝浮き世ふぬけ〟になることをいう。娑婆気の多いものは聞き難い。

○仏道を無上道、道心を無上道心ともいう。道心において世間的なあれやこれやにかかわるあり方の虚しさがあらわになる。

○つめるのにも二通りある。如来の言葉によってつめられるのと、自分が自分をつめることだ。前者は自然《じねん》、後者は窮屈な狭いところに押しこむだけでつめたにならぬ。

○仏道を規定するのは真面目ということである。それは本願から来る。これを忘れるものは、人生を誤り来世は地獄に堕ちる。

○「この世の何物をもってしても満足できぬ」というのが、無上道心。そこに本願のはたらきがある。

○〝何故に無上道心か〟と問うことはできぬ。もし無上道心を根拠づけるものがあれば、無上道心とは言えぬ。無上道心は無上道心であるから無上道心である。

名号・如来本願

○本願こそ真のはじまり、創造だ。

○「袈裟はこれ、三世の諸仏の解脱幢相の霊服」（八八六）。着用において自己が問われる。

○阿弥陀仏は実体的な〝何ものか（Etwas）〟ではない。

○いかなる反逆意志も大悲の胸にはとどかぬ。赤児が母親の胸をけっても、母は深く抱きしめるようなものだ。

○生は意味もなく目的もなく、どこまでも生自身に貫入する――流転輪廻。生の意味は本願からのみ考えられる。

○「彼此三業　不相捨離」（一一四七）、道元禅師の言葉をかれば「三業に仏印を押す」。身口意に阿弥陀仏を証する。

○一切が一切においてその存在のもとをもち合う。一即一切、一切即一。

○仏心は善悪・怨憎を絶する。

○「意志」の絶対否定・断念――仏の御こころ。

○真の幸福は「自己」の内にも外にもない、仏にある。

○私は如来から絶対の深淵を隔てる。

○往相を離れて還相はなく、還相を離れて往相はない。浄土への船は浄土から来た船、浄土から来た船は、浄土へ往く船。往即還、還即往。同じ船の両面にすぎぬ。「難度海を度する大船」（一三一）。

○如来に私は絶対の断絶を介する。

○阿弥陀仏が私に来てくださって、南無阿弥陀仏と拝まれる。子が子になるということと親が親になることは同じだからだ。親子の名乗り。

○〝生起する（geschehen）〟ということが本当にわかるのは、本願から。本願が歴史を定礎する。流転の歴史が、そのまま救済の歴史だ。

○どう生きどう死ぬか――如来は厳しい対決を迫る。

○仏が私に来て拝まれる――それが「一心帰命」となる。

○仏智不思議の光によって「無始曠劫」の流転があきらかになる。「久遠劫よりこの世まで　あはれみましますしるしには　仏智不思議につけしめて　善悪・浄穢もなかりけり」（六一六）。

○名号は〝生死を出ることわり〟、それが私になってくださる。名号のことわりの領解としての宗教的実存。

○尽十方無礙光如来（無限大）が、自己を自己たらしめる閉鎖点・身見を貫通、そこに居場所・正定聚が開ける。

○本願から真実の求道が来る。真実の自己は本願から規定される。本願と自己を別のようなものとして考えるところから、他人まかせと無責任が来る。

○「生死無常のことわり」（七七一）、「自然のことわり」（八三五）――同じ一つの「ことわり」。「名号のことわり」。無常と常住の統一。

○仏が私に来て拝まれる――それが称名。

○すべてを定礎するものは定礎されぬ。本願は定礎されぬ。本願は本願だから真実だ。

○如何なる反逆意志も大悲の御胸に届かぬ。反逆を反逆としない悲心だ。

○「如実修行相応」（五八六）は、身口意の三業が名号の真理証明の場となること、〝からだでわかる〟ということだ。

○南無不可思議光において、思考が変る言葉が変る。

○

〝いま〟（現在）ということはわからぬ。仏のみあきらかにさとりたまう。

○

願力・絶対知において、罪も煩悩も意味を失う。「願力無窮にましませば　罪業深重もおもからず　仏智無辺にましませば　散乱放逸もすてられず」（六〇六）。

○

「光触かぶる」（五五七）「光沢かぶらぬものぞなき」（同）「遇斯光のゆゑなれば　一切の業繫ものぞこりぬ（同）「三塗の黒闇ひらく」（五五八）――仏はどこもまでも衆生に関係する。〝仏あって衆生あり衆生あって仏あり。〟

○

「久遠実成阿弥陀仏」（五七二）と讃ぜられるように、法蔵菩薩の願行は証上の修だ。証上の修に回転されることを獲信という。

○

〝仏智〟に照らされてはじめて〝わが悪〟を知る。

○

〝何とはなしに不安だ〟――名号の呼びかけ。

○「存在するもののある」(das Sein des Seienden)が、疑問符になる。生きる意味がわからなくなる。本願はそういうかたちで迫る。

○「久遠実成阿弥陀仏」(五七二)——説聴思考の原点だ。「十劫正覚・五劫思惟・兆載永劫の修行」も、そこから考えられる。

○「どこまでも真受けにできないものを、そのまま救う」というのは本願ではない。真受けができないものを真受けにさせてみせるというのが本願だ。真受けできないままとは、疑いのままということではないか。「もしまたこのたび疑網に覆蔽せられば、かへってまた曠劫を経歴せん」(一三二)。

○〝はからい〟の否定は、願力のほかにない。

○煩悩無底というが、無底の煩悩海も本願海において底をつく。本願海は煩悩海より深い。

○本願は衆生の宗教的決断の自由に何の制限をも加えない。「このうへは、念仏をとりて信じたてまつらんとももたすてんとも、面々の御はからひなり」（八三三）。

○本願海において相対的な善悪浄穢は意味を失う。それを「仏智不思議」（五六八）「名号不思議」（五八五）と讃じる。

○名号は常住のことわりであるとともに無常のことわり、同じ一つのことわりである。時と永遠の統一。

○「願力無窮にましませば　罪業深重もおもからず……」（六〇六）。願力は罪のリィアリティを抜く。「罪はさはりともならず、されば無き分なり」（一二四四）。

○どのような悪も如来の外にないから、五濁悪時のすがたも、如来のなかに見える。

○仏と私を張りわたすのは、〝責任の場〟だ。もし如来のほかの何ものかに対する責任であれば、如来もどうすることもできないではないか。私が如来に対して無限の罪のあることを教えて、それを引き受けてくださる。

○ 〝私ほどの悪いものはない〟――如来の導き。

○ 業とは、広い意味での行為だ。ところで私たちのすべての行為は、如来との関係に立つ。それが、「仏あって衆生あり、衆生あって、仏あり」ということであろう。

○ 自力が破れるということのほかに他力はない。それが絶対他力だ。自力、他力の対立を絶する。

○ 「煩悩即菩提の体験は、釈尊の正覚とその質を一にするものである」（西本誠哉先生）。

○ どんな問題でも御本願によらねば、根本的解決にならぬ。

○ 「久遠実成阿弥陀仏　五濁の凡愚をあはれみて　釈迦牟尼仏としめしてぞ　迦耶城には応現する」（五七二）。釈尊から弥陀でなく弥陀から釈尊。

○ 生きる情熱は、本願からのみ来る。

○真理は計算できぬ、考えることもできぬ。「南無不可思議光」（正信偈）。

○如来が私に来て拝みたまう。それが礼拝となる。

○〝何もないということすらもない〟ということが、聖人の教に出会うということである。あまりに反省的な人は、何もないというところに腰を置いてつねに懐疑的になっている。

○「煩悩にまなこさへられて　摂取の光明みざれども　大悲ものうきことなくて　つねにわが身をてらすなり」（五九五）。見の絶対的二義性。絶対の逆説。

○「地獄一定」は、如来心の徹到をいう。仏心を受けて徹到。

○誰一人として私の罪を引き受けてくれる人はいない。そこを、つまりすべてに見捨てられたところを含んではじめて如来に対するのである。大悲はそこを含むところに現れる。

○時の真相は帰無・滅びの徹底であるが、如来はそういう滅びから呼び戻す。

○本願が〝私〟において生きるというかたちで〝私〟が本願を生きる。絶対主体道。

○一切が一切においてその〝もと〟をもち合う。「一即一切　一切一即」――浄土の論理。

○罪と無常を通って本願にかえるは、ニヒリズムとの相互媒介ということであろう。本願においてのみ、本当にニヒリズムに下りてゆくことができる。

○ニヒリズムは名号の〝さや〟だ。〝さや〟が割れて豆が跳びだすように、ニヒリズムが割れて名号が現れる。

○地獄に堕ちてもよいではないか。如来さまがいっしょに堕ちてくださるならば。

○本願寺に問う。〝生死即涅槃　煩悩即菩提〟は、ありのまま・そのまま、如実相・自然にほかならぬ。「そのまま救う」（本願寺手帖、二〇一三年）は、如実相・自然の現成。「お慈悲ひとすじにお任せできない」（同）は、凡夫と如来の間に打ちこまれた〝くさび〟。消息文は、無帰命安心につながる。「悲嘆」というような生ぬるい言葉ではすまされぬ。ニヒリズムの谷、どうしてもその谷をわたらねばならぬ。

○仏法のひろまるというも、釈迦弥陀二尊の御はからいだ。「釈迦弥陀の慈悲よりぞ　願作仏心はえしめたる」（六〇六）。

○仏が私に来て拝まれる――私が仏を拝む。願心が礼拝となる。

○浄土に時空はない。弥陀仏は時空を超絶。時空は表象にすぎない。

○人間が本願の真理証明の場となる。私は線路工夫だ。本願の列車を護っている。

○仏に直面して自己の怠惰が知らされる。精進は仏から来る。

○如来が私を生きるというかたちで、私が如来の〝いのち〟を生きる。

○流転輪廻の歴史が、そのまま如来の救済の歴史だ。

○　一切が一切にそのもとを持ち合う――そのすがたが南無阿弥陀仏。

○　それによって生きそれによって死ぬ――それは名号のみだ。

○　私の業のほかに、如来の本願はない。業が本願の真理の証明場所。

○　「しかし、今ここでの救いの中にありながらも、そのお慈悲ひとすじにお任できない、よろこべない私の愚かさ煩悩の深さに悲嘆せざるをえません」（手帖五－六頁）。読弁だ。救いの中にあるということが任していることではないか。「阿弥陀如来とは、悩み苦しむすべてのものをそのまま救い、さとりの世界へ導こう願われ、その願い通りにはたらき続けてくださっている仏さまです」（手帖五頁）。それがどうしてわかるのか。真宗学は、定礎をもたぬ。科学的無神論・実存的無神論を通っていない。

○　特別に阿弥陀如来の力が強かった人――それを宿善の人という。たいていの人は無宿善だ。

○　如来と私――最も近くて最も遠い。

○「外教釈」のこころから言えば、いまのコロナ問題のもとに人間がある。まさに末法だ。

○「報の浄土の往生は　おほからずとぞあらはせる　化上にうまるる衆生をば　すくなからずとをしへたり」（五九四）。要門（第十九願）真門（第二十願）の行者が多いということだ。倫理道徳・内在的宗教を絶対否定的なものが貫く。

○「神光の離相を説かざれば、無称光仏となずけたり」（五五九）。〃説く〃は〃説けない〃と一つに成立する。

○「右この三箇条の旨」（一一一二）が教団を定礎する。教団は『御文章』にかえらねばならぬ。

○「煩悩菩提体無二」（五八四）。絶対に距離なきところから開かれた距離。それが現れて「悲嘆」となる。悲嘆は歓喜を離れないし、歓喜は悲嘆を離れぬ。「煩悩菩提体無二」（五八四）は、距離なきところだ。

○本願において大きな決断の場に立たしめられる（論註、七九－八〇）。

○「無慚無愧」（六一七）と「悲歎述懐」（六二七）は、絶対の逆説、絶対矛盾の自己同一（西田幾多郎）。

○真宗学は箱庭の学問だ。〝阿弥陀仏ありき〟から出発するから。定礎には、箱をこわさねばならぬ。それはニヒリズムを通してニヒリズムを超えることだ。名号の論理。

○「無明長夜」（六〇六）は、弥陀の智光によってのみ照破される。

○衆生有礙のさとりにて　無礙の仏智をうたがへば　曽婆羅頻陀羅地獄にて　多劫衆苦にしづむなり」（五七三）。真下に虚無の深淵が開かれている。

○真宗学か、学としての基礎を確立するためには、哲学と媒介せねばならないと思う。そのためには、一度は宗学を突っ放さればならぬ。

○「有量の諸相『よろづの衆生なり』（左訓）ことごとく　光暁かぶらぬものはなし」（五五七）。永遠はどこまでも時との交際に入る。

○「五劫の御思惟、兆載永劫の御修行」とは、私の迷いの深さをいう。

○「弥陀の五劫思惟の願をよくよく案ずれば、ひとへに親鸞一人がためなりけり」（八五三）は、願行に自己の合体が汲み上げられていることにほかならぬ。

○真宗学者が安易に〝理性〟という言葉を使うのは問題だ。真宗学は近代的主体性を超えるところに成立するから。真宗学が現代と対話するためには、ニヒリズムを通らねばならぬ。

○『教行信証』「逆謗摂取」は、人間存在の有限性の問題を究極的に解決している。

○「さるべき業縁のもよほさば、いかなるふるまひもすべし」（八四四）「卯毛・羊毛のさきにゐるちりばかりもつくる罪の宿業にあらずといふことなし」（八四二）。世界は秩序づけられぬ、カオス（Chaos）だ。何が起こるか分らぬ。

○「煩悩具足と信知して　本願力に乗ずれば　すなはち穢身すてはてて　法性常楽　証せしむ」（九九一）。「乗ずる」とは「任す」（手帖、五頁）ということではないか。「信の一念」は

「任すだ」。「そのお慈悲ひとすじにお任せできない、……」（同九頁）と真向から矛盾する。

○ 真宗学は箱庭の学問、定礎をもたぬ、本願という枠のなかに立つ。現実との相互媒介は、その枠をこわすことにほかならぬ。それがニヒリズムを通り抜けることだ。

○ 本願寺のいう「悲嘆」（六頁）と聖人の「悲嘆述懐」（五一七）とは同じなのか、それとも違うのか。違うとすればどう違うのか、聖人仰せの「無慚無愧」（六一七）を本願寺はどう解するのか。

○ 本願寺のいう「悲嘆」（六頁）は、創造的な展開を含んでいない。いわゆる「機なげき」だ。如来と私との間の消極的規定にすぎぬ。

○ 「今ここでの救いの中にありながらも、そのお慈悲ひとすじにお任せできない、よろこべない私の愚かさ、煩悩の深さに悲嘆せざるをえません」（本願寺手帳、二〇二三年、五～六頁）。借問する、「それではお任せできなくてもよいのか、そのままでよいのか」。それは〝疑心往生〟をゆるすものだ。聖人の「悲嘆述懐讃」との一異如何ん。

○「邪見憍慢」（正信偈）は「邪見憍慢」を知らぬ。「難中之難無過斯」（同）は、絶対に通れない難所だ。

○「しかし、今ここでの救いの中にありながらも、そのお慈悲ひとすじにお任せできない、よろこべない私の愚かさ、煩悩の深さに悲嘆せざるをえません。」（二〇二三、本願寺手帳五～六頁）。仏と私の間に打ちこまれた〝くさび〟――ほかならぬ私によって。発言の場所が問題、理性の立場か実存の立場か。理性の立場ならば観念的空転。何の意味ももたぬ。実存の立場ならば絶対の死、三定死。創造的な転換。「悲歎述懐讃」における悲歎だ。

○「方便化身土巻」を貫くのは、至誠心だ。それが「報中の化」ということ。理想主義は信心に通じる。

○往相の背後に還相、還相の背後に往相が考えられる。往即還、還即往。

○『大経』の「五悪段」をどのように理解すべきか。――「機の深信」。

○　自己確認において自己をもつ。自惚・虚妄の自己だ。

○　浄土教の深い意味は、〝よくよく自分の値うちを知る〟というところから開かれる。「末代の道俗能く己が能を思量せよ」（三八一）。

○　「三宝を見聞せざるゆゑ有情利益はさらになし」（六一三）、化土の閉鎖性を説く。自我はもともと閉じているのだ。閉鎖性において自己は立つ。

○　真宗学は、ニヒリズムを通らねば現代と対話できない。

○　「唯除五逆誹謗正法」と、たたき落されたことがあったか。「唯除」の二字で安心するのだ。ニヒリズムを通してニヒリズムを超える。

○　主体性は非真理。真理の座は主体にはない。弥陀の本願のみが真理。

○　本願寺は、「今ここでの救いの中にありながらも、そのお慈悲ひとすじにお任せできない、よろこべない私の愚かさ、煩悩の深さに悲嘆せざるをえません」(手帖、五〜六頁)と言う。仏と自己との間を「悲嘆」と規定するわけだ。「悲嘆」をつきつめて創造的なものに転じるところ、「悲嘆」から「讃嘆」への転換が出ていない。

○三願転入がはっきりわかるのは、弘願門からだ。真実によって方便がわかる。

○「機法二種深信」は、二種を離れたところをふまえて成立する。「機もなく法もなし」(一遍)だ。

○「しかし……悲歎せざるを得ません」(手帖五〜六頁)。仏と私の間を悲歎と規定。本願寺に問う。

質問一、「救いの中にありながら」がどうしてわかるのか。実存における分裂――実存弁証法。さらに言えば仏の存在そのものが、どうして証明されるのか。

質問二、悲歎は本願疑惑心、疑心往生をゆるすのか。聖人の「悲歎讃」は、創造的なものに転じているが、手帖はそれを開いていない。「無慚無愧」(六一七)は、「功徳は十方にみちたまふ」(六一七)と一つに言われ得る。如来と私との距離は、あってない、なくてある。

無限の遠さ＝無限の近さ。遠近をふみこえる。

○「罪業もとよりかたちなし」（六一九）弁証法的構造。無明（愚者のこと、一三四）――人でとらえる。――実在。無明＝煩悩の王。煩悩で迷うのではない、仏智疑惑心で迷うのだ。「悪性さらにやめかたし」（六一七）。「無明長夜……、なげかざれ」（六一六）「すてられず」（六〇六）「無慚無愧」（六一七）。

○「さるべき業縁のもよほさば、いかなるふるまひもすべし」（八四四）。理性は崩れ自由は倒れる。理性的自由を呑み込む悪魔的な何物か――罪業にほかならぬ。

○「卯毛・羊毛のさきにゐるちりばかりもつくる罪の、宿業にあらずといふことなし……」（八四二）とは、世界のなかに投げ出されている（geworfen sein in der Welt, ハイデーガー）ということだ。しかも現存在（Dasein）の責任において。

○「遊煩悩林現神通」（正信偈）とは、永遠の時への貫通を言う。時との交際に入らないような永遠は、生きた永遠ではない。

○いまの本願寺は「生死出ずべき道」（八一一）ということを言わぬ（本願寺手帳二〇二三年）。それは仏教ではない。仏教をヒューマニズムと解しているようだ。ヒューマニズムは理性の立場。人生の根本問題は、理性で背負うべくあまりにも重い。

○特に『歎異抄』において、聖人の肉声に接する感がする。

○真宗は決して「来世救済教」（会田雄次『たどり来し道』）ではない。現生不退の教えだ。

○〝穢離穢土欣求浄土〟は、論理学の否定判断に入って来ない。

○「たとひ法然聖人にすかされまゐらせて、念仏して地獄におちたりとも、さらに後悔すべからず候ふ」（八三二）。人間法然聖人に対する信頼ではない。如来の化身としての聖人に対する信頼である。法を見て人を見ない言葉。人を見るな法を見よ。

○「卯毛・羊毛のさきにゐるちりばかりもつくる罪の、宿業にあらずといふことなしとしるべし」（八四二）。裏から言えば、被遍照の光明界を讃ぜられたのだ。

○本願寺は、如来と私との間を「悲嘆」（手帖六頁）と規定する。文脈から言えば、「今ここでの救いの中にありながらも、お慈悲ひとすじにお任せできない、よろこべない私の愚かさ煩悩の深さ」（五～六頁）が「悲嘆」だという。「悲嘆」は、本願と私との間にほかならぬ私によって打ちこまれたくさび・分裂である。借問する。それでは「そのお慈悲ひとすじにお任せできない、よろこべない」ままでよいのか。「悲嘆」は聖人の「悲歎述懐」（六一七）と質を一にするのか、それとも異なるのか、それについて何ら言及されていない。

○信心から教学へでなければならないのに、教学から信心へと順序が逆になっている。落葉を集めて生ける樹を作ろうとするようなものだ、盤珪禅師「経録看に目節あり。経録の理を頼む時看れば目眼をつぶす。理を見下時見れば証拠になる」。

○「後生の一大事」とは、生きるということの厳しさがつめられたところである。生の真剣がしぼり出されて、「一大事」となる。

○真宗学にはたして学としての基礎があるだろうか。理性の限界内に宗教は入って来ないのだ。

○ 真宗が単に仏教内の一宗派にとどまらず西洋哲学と対決できる闊さもつことは、たしかだ。親鸞思想の世界性。

○ 「煩悩具足と信知して　本願力に乗ずれば　すなはち　穢身すてはてて　法性常楽証せしむ」（五九一）。「乗ずる」はお任せではないか。電車に乗ずるは電車にまかせるのだ。

○ 信の絶対弁証法的構造・絶対の逆説を本願寺は知らぬ。

○ すべては本願からはじまる。

○ 『教行信証』の思索、『和讃』の詩作は、何にもとづくのか——親鸞の著述の定礎の問題。

善知識

○善知識は如来、私ひとりをたすけるためにお浄土から出て来てくださったのだ。

○蓮如上人は文学的才能の豊かな英才である。『蓮如上人遺文』（稲葉昌丸、法蔵館、昭和二四年）。

○善知識は如来だ、私をたすけに来てくださった如来だ。

○誠哉先生は聖教の理解の深さが違う。だから同じことを言われても説得力がある。

説教

○散文的な人は聞き難い。変に頭にたよるから。「後生の一大事」がぬけているのだ。

○一度は仏からも自己からも離れなければならぬ。「南無阿弥陀仏のなかには機もなく法もなし」（一遍）。

○聞法・求道の基礎――三世因果の道理。道理を信じないものは、仏法の器ではない。

○日々のテレビ・新聞の報道から――「よろづのこと、みなもつてそらごとたはごと、まことあることなき」（八五四）の説教が聞こえて来る。

○「地獄嫌いの極楽好き」――大きな病、無明の大病だ。阿弥陀さまと一緒ならば、地獄へ落ちてもよいではないか。

○〝浄土へ詣りたい地獄に堕ちたくない〟――未徹底だ。それは自力執心。自力執心が脱落しなければならぬ。「……のための聴聞」という目的論は仏教のとるところではない。「煩悩即菩提、生死即涅槃」として、仏教は現実即絶対の立場である。

○仏法を聞くのが嫌なのは、キルケゴールのいわゆる「善への不安」だと思う。

○「後生大事と一歩踏み出す。」――その一歩が肝要。宿善の機は、その一歩が違う。

○声のなかに称があり、声のなかに聞がある。私が聞いているまま如来が聞いている、如来が称えているまま私が称えている。

○如来の悲心は平等で差別はないのに、何故遅くなるか。晩進の人は、結局、迷いが深いのだ。それを無宿善の機という。

○「至誠心」とは真面目《まじめ》ということだ。真面目が信前信後を貫く。それを忘れているから、聞法が小手先のもの、獲信への手段となる。

○何十年と聞いて全然聞いていない人がある。信じられるように思っているのだ。「信楽なし」（二三五）と仰せられた「三一問答」（二三五）のお心をいただいていないのだ。

○三世を貫くのは業だ。心口意の三業だ。しっかり聞法しないと臨終に泣かねばならぬ。

○「さらに宿善の有無といふことをしらずして勧化をなすなり」（二六九）。「……この人数のなかにおいて、もし無宿善の機やあるらんとおもひて……これあやまりとしるべし」（一一六九－一一七〇）。宿善とは宗教的資質、宗教的アプリオリだ。盲者と色を聾者と声を談じることはできぬ。

○安易に答えを与えられるよりも、問うことが大事だ。「後生の一大事」とは問い、自己の根本を揺さぶる。

○変に散文的な人は、聞き難い。わかろうわかろうとするから。

○謗法闡提を謗法闡提と知るときは、すでに光が突き抜けている。それを「廻皆往」（四八六）と言う。

○聞法した人としなかった人は違う。聞法した人は、それなりに法義が入っている。「ただ信心はきくにきはまる」（一二六五）。

○法蔵菩薩の願行が現れて、聞法となる。

○聞法は吐き出すこと、呑みこむことではない。

○聞法は、たとひ今生で獲信できなくても、少くとも人間をつくる。それが仏道への大きな縁となる。

○〝はからひ〟が取られるとは、現存在の全体の場。生の執着が断たれると同義。「自己」の死だ。大死一番。

○生き方として聖人の教えに出会わなかったならば、結句は一知半解にとどまるだろう。どう生きどう死ぬか——後生の一大事。

○聞法求道は、法蔵菩薩の願行にもとづき法座ということで具体化される。法座は過去・現在・未来を一つにまとめる。永遠の時における現成だ。

○如来は如来の責任において、〝聞いてくれよ〟と仰せになる。一切をかえりみず、聴聞するのみ。かならず道は開ける。

○聞法において、落ち着く。重心が下がってくるとは、責任を引き受けることにほかならぬ。そこではじめて自己の全体が視野に入って来る。

○〝とやせん、かくやせん〟とはからって、自分を責めるのはよくない。機を見て歎くのは大毒だ。「様々にはからひあうて候ふらん、をかしく候」（末燈抄七頁）。

○理想主義者しか信仰に入れぬ。聞法は法蔵菩薩の願行に淵源、無上菩提心の現成であるから。

○長らく聞法を続けてどうしても徹底できない人がある。「あなたの求道は来生の縁だ」と言う。それを聞いて、たいへんだと驚き悲しむ人と文字通り来生をあてに希望をつなぐ人とがあろう。どちらが聖人のお心に適うか。「悲しきかな垢障の凡愚……」（四一三）、如来を悲しませているのだ。

○技術的な聞き方、how to ものを読むような聞き方をするから駄目なのだ。むしろ生き方としてぶつかって来なければいけない。

○〝脱いだ下駄がはけなくなる〟――これを「無後心」という。「無後心」が聞法を定礎する。

○聞法の真理を証明するのは獲信。そのかぎり聞法においては不確定ということが、残されている。聞法を道なかばでやめる人が多い。

○反省はよくない。どこまで行っても反省する私が残る。聖人は「自己をさかしく省みず」と仰せになった。自己凝視は聖人の真意に背く。

○聞き方を分析しているあいだはだめだ。自己が自己に対して閉じて、後生が抜けている。

○〝地獄に堕ちまい堕ちまい、たすかりたい〟。これが本願を妨げている。堕ちてみよ、願海のなかへ堕ちるのだ。如来がいっしょに堕ちてくださるなら堕ちてもよいではないか。

○説教を聞いて生活に会わせてよく考える。説教が生活の全体を導くようになる。

○五逆・誹謗正法・闡提が真実信心において非化されて全容を現わす。極悪の方向が貫かれるのはたしか。それをニヒリズムで括れば、ニヒリズムは克服されて全容を現わす。

○〝わかる、わかる〟と早合点するのはよくない。むしろ、〝わかる〟とはどういうことかを根本的に問題にせねばならぬ。それが仏道だ。

○ゼロをゼロと聞くが信心かもしれんが、ゼロをゼロと聞くことはできぬ。聞く私が残っているかぎり、ゼロにはならぬ。無我にはなれない。〝難中の難〟はそこを言う。

○「それ、八万の法蔵をしるといふとも後世をしらざる人を愚者とす」（一一九〇）。知の絶対の二義性、二義の一義透明。

○〝聞いてくれよ〟の如来の願い――それが「ほとけをたのむこころ」（一一六八）となる。

○明日あると思って聞いているあいだは、だめだ。「仏法には明日と申すことあるまじく候」（一二六四、御一代記聞書）。

○「心得たと思ふは心得ぬなり。心得ぬと思ふは心得たるなり」（一三〇〇）。領解における絶対の逆説。知の弁証法的構造。

○「聞こう頂こう」――自己執心だ。むしろ大法に会わしてもらっている境遇を仰げ。

○〝……のために聞く〟における〝……のために〟が脱落しなければならぬ。〝聞〟は、極楽往生のためでも、地獄をのがれるためでもない。聞くために聞くのだ。

○たすかる話をたすかると聞く人は、たすからぬ。たすかる話をたすからぬと聞く人はたすかる。

○仏法を聞く最大の障害は、私が先にたすかろうとする自利心だ。我ありという分別にとらえられている。「諸法無我」は、仏教の旗じるしではないか。

○聞法のもとに〝三世因果を信じる〟ということがなければならぬ。基礎中の基礎だ。

○この世とあの世という二元的枠を破る――それが聞法。「本願招喚の勅命」（一七〇）だ。

○死ぬまで生きる、生きているかぎり死なぬ。生と死を二元的にとらえ、それを放そうとはしない。それは迷いだ。生死一如・生即不生・死即不死と枠を破る――それが聞法。

○人間は存在の〝自明性（Selbstverständnis）〟に生きている。しかし聞法において自明性が問いに巻きこまれるのだ。

○墨を流したように目の前が真闇になるとは、既に光に遭っているのだ。それは聞法から開かれる。

○聞法にゆきづまって「どうしたらよいか」と歎いているあいだはいかん。こころ言葉が残っているあいだはいかん。

○聞法を妨げるのは、我意——自惚れとずぶとさ——だ。

○仏と自己、法と機の相互媒介——それが説聴の場だ。法によって自己を読み、自己によって法を読む。それが仏道修行だ。

○聞法とは自力の莢が割れることだ。そこに自己の全体が底をついて現れて来る。ひとは自己を尽くして宗教に入る。

○御示談に調子を合わす、うなづくあいづちを打つのはよくない。如来の勅命を相対の法に引きおろしている。耶見憍慢だ。

○仏法は人生の根本問題（老病死）の解決である。それゆえに聴聞は、大事なことを忘れていた、えらいことを聞いた、いままで全く気がつかなかったことを聞いたという大きな驚きからはじまる。

○　信を受けとる場が「自己」のなかにあるように妄想、いただきたい聞きたいと走りまわっている。それは聞法とは言わぬ。

○　機法・仏凡ともに大疑の渦に巻きこまれる。そこに両者を同時に離れる。

○　初心者は指導者・先輩に就かねばならぬ。だが、頼ってはならぬ。ひとり行くようになってから本当の聞法。そのなかから指導者・先輩が本当に帰って来る。

○　〝言う・書く・聞く〟は、何にもとづくのか。何がそれを定礎するのか。

○　全身全霊を挙げて、法座の言葉にぶっつかれ。この世には命よりも大事なものがあるのだ。

○　「極楽は日に日に近くなりにけりあはれうれしき老いの暮かな」（法然聖人）。「信はなくてまぎれまはると、日に日に地獄がちかくなる」（慶聞坊、一二五三）。

〇　〝聞きたい・頂きたい〟を通して〝聞きたい・頂きたい〟が取られる。自力が破られるということのほかに他力はない。それを忘れると観想、あるいは自然外道に堕する。「十劫秘事」とはそれだ。

〇　法座の言葉は生きている。如来の言葉だから。しかし、凡夫は死んだ言葉をつかんで帰える。

〇　自分に都合の悪いこと耳の痛いことは聞かず、我見に固執する。だから聞法が進まぬ。

〇　聞法が、目的論的なとらえ方から底なく解放されなければならぬ。そこに聞法の深い意味が現れる。

〇　〝信心をいただきたい聞きたい〟という心が、最後の邪魔をする。聴聞を通してそれを離れるのだ。

〇　「私」が聞くのではない。〝聞いてくれよ〟の親の願いが〝私〟を貫くのだ。

○聞法は〝生死出離〟という一点に集中されねばいけない。しかしいろんなものを読みまたはからって、精神がますます散慢になっている。そして一歩も前進していない。

○聞き方を見れば、若い時からの生き方がわかる。ぐずぐずしているのは、いままで真面目という一線が通っていなかった、チャランポランの生き方だからだ。

○聞かせていただいた者は、阿弥陀仏との御縁がよほど深かったことを慶ばねばならぬ。

○聞法が深まるとは、自己を見る目が深まること責任ということが正面に出て来ることをいう。

○「聞法はきけたら聞く、きけなければ致しかたないなど、そんな事では済まされない。命を捨てて聞き抜かねばならないものだ」（上本明子）。

○聞法の肝要は聞き心を取られるということだ。すぐれた指導者は、その心を奪う。そこが最難関。礼拝はその難関の突破をいう。

○聞法をさまたげるもの――比較だ。比較の場を出なければならぬ。それを「独生独死　独去独来」（大経）という。

○聴聞がαでありω。ただ「仏法は聴聞にきはまる」（一二九二）。誠哉先生の仰せに「聴聞だけは続けなさい。それは無駄にはならぬ」。

○「阿弥陀如来の凡夫のために御身労ありて」（一一四九）。修行の場を「身」で受けている。

○「しかし、今ここでの救いの中にありながらも、そのお慈悲ひとすじにお任せできない、よろこべない私の愚かさ、煩悩の深さに悲嘆せざるを得ません」（本願寺手帳、二〇二一年、五～六頁）。いわゆる「機嘆き」、疑心往生の邪義につながる。「お任せ」は本願力による、自力を破るほかに他力はない。

信心

○念仏を聞こうとしないのは、いままで生きる芯というものがなかったからだ。芯とは理想主義だ。善悪の問題をつっこんでいくと、かならず念仏にぶつかる。

○ありのままそのまま――現実が現実としてあらわになる。現実即絶対、現実の真理証明、絶対知――念仏。

○「卯の毛・羊の毛のさきにゐる塵ばかりもつくる罪の宿業にあらずということなし」(八四二)は、時間的な過去と関係させた分析(計算)ではなく、〝現在における被遍照の光明海〟を語っておられるのだ。

○「生死即涅槃」は、目的意識の脱落。聴聞を獲信への手段とする考え方が、破られて来なければならぬ。地獄を恐れて浄土を願うというあり方のなかに、ひそかに自愛が潜びこみ生きのびている。それが聴聞の真相を覆っているのだ。

○あまりにぐずぐずしている人に、「ちっと法座から遠ざかって聞法を中断したらどうか」と言う人がある。仏道はそういう技術的な方法で、どうこうなるものではない。むしろ、何を言われようと、ついていくことが肝要である。中断が中断にならず、そのまま終ってしまうことになるから。「自障障他」（四一二）とは、それを言う。また説教する人も、荒い言葉で腹を立てさせてはよくない。

○「後生を大事におもひ、仏法をたふとくおもふ心」（一二〇四）。——真剣とは如来に対するということだ。

○「聞いておぼえた信心」は、落葉を拾い集めて生命をつくるようなものだ。「落葉拾葉の人」（良寛）。

○〝命懸けになる〟ということも他力、自力の非化だ。

○責任という場で法に遭わないから、法義への教養的な接近になる。それが「物知り同行」。

○説法はつねに創造でなければならぬ。

○散文的な聞き方の人が多い。情熱が欠けている。生を支えるのは情熱だ。

○いわゆる「布教師」は、外の世界を知らないと思う。無神論の吹き荒れているこの世界を。今日では、もう如来から出発できない。その意味で宗学の枠を破らねばならぬ。

○聞法は大きな驚きからはじまる。「流転輪廻もきはもなし　苦海の沈淪いかがせん」(六〇八)。「この信心を獲得せずは極楽には往生せずして無間地獄に堕在すべきものなり」(一一一〇)。生を貫ぬく大きな課題。

○極楽に詣ろう詣ろうとするから、落ちはせんかと不安がつきまとうのだ。落ちてもよいではないか。如来がともに落ちてくださるのだから。信は詣る堕ちるを離れるのだ。〝地獄へなと極楽へなと連れていってください〟

○宿善の機は少ない。おほかた無宿善だ。「それ当流の他力信心のひととほりをすすめんとおもはんには、まず宿善・無宿善の機を沙汰すべし」(一二五八)。

○　初心者に対しては、三世因果ということから入らねばならぬ。大方は〝死んだらしまいだ〟と思っているのだから、そうではないということを教えるのが、初歩のなかの初歩である。

○　「難信の法」と聞いて来たが、ここまで難しいとは知らなかった。「すべて高貴なものは稀であるとともに困難である」（スピノザ、エチカ）。

○　いままでの考え方・生き方を捨てさせられるのが聞法である。しかし逆にそれを仏法のなかにもちかえている。聞法のようすを見れば、その人の過去がわかる。

○　散文的な人・何もかも頭のなかに入れようとする人・分析的な人は、聞き難い。念仏は分析論理のなかに入って来ない。

○　ものを知っている・教養がある――聞法の妨げ。

○　疑いを通してのみ疑いが晴れる。疑いがなければ晴れるも晴れないもない。

○生き方として聞法にぶつかっていないから、聞き方が技術的——小手先——になるのだ。

○聞法が進まないのは、考えるということを忘れているからだ。

○「地獄一定」は最も重い「重し」だ。「重し」は「重し」になるほかにはわからぬ。落着きはそこからのみ来る。落ちきったものは、安心のほかにないではないか。

○真実は真実なるがゆえに求めざるを得ないのだ。理想主義の定礎。

○「ただ人目ばかりの御心中」（夏御文章、四）。世間的な方向のうえで聞いている。

○散文的な聞き方をする人がほとんどだ。情熱が欠けている、後生の一大事が抜けている。

○平野を行くばかりで垂直の線が出で来ない。登らねばならぬ山があるのに。後生の一大事という山が。「ききわけてえ信ぜぬもの」（一一三四）。

○聞きたい・わかりたいを通して、聞きたい・わかりたいを離れる。

○〝聞法〟からのみ〝答え〟が来る。それ以外の答えは、答えが答えにならぬ。聞法が肝要なのだ。「ただ仏法は聴聞にきはまることなり」（一一九二）。

○散文的な人は聴き難い。聞法には情熱がなければならぬ。

○散文的な人は聞き難い。情熱が欠けている。後生の一大事が抜けているということだ。

○「聞法はきけたら聞くし、きけなければ致しかたがないなどと、そんな事では済まされない。命を捨てても聞き抜かねばならないものだ」。

○難しい難しと聞いて来たが、ここまで難しいと知らなんだ。才毫の掛値もなく〝難信の法〟だ。

○一週間か、十日間ぐらい法座がつとまり、連続説教・座談があれば、獲信する人も出て来るだろう。（昔は、そこであった。今でもやろうと思えば、やれるのだが、だんだん横着になって来た。お寺は、そのためにあるのだ）。

○如来が私になりたまうとことによって、私が如来になる。

○信心から時が考えられる。凡夫の考えているような実体的な時はない。「一念三千」「一念万年」。「一念一時無前無後」（三二〇）。

○あまりにも難しいから難信の法だから、どうしても妥協する。まるで観光バスで極楽に旅行するように説いている。それが「その身そのまま、この身このままだ」。

○〝地獄はいやだ極楽に詣りたい〟と思うから迷うのだ。阿弥陀さまのおられる地獄ならば落ちてもよいではないか。「落ちて来いよ、落しはせんぞ」の勅命。

○体重が浄土にかかっているような聞法者は少ない。ほとんどの人が分かろう分かろうとする。

○「後生の一大事」は、いくら強調しても足りない。〝真に恐るべきは、永劫の流転輪廻〟だ。「もしまたこのたび疑網に覆蔽せられれば、かへってまた、曠劫を経歴せん」（一三二）。

○「何が起こるかわからぬ、今死ぬかもわからぬ」という漠然とした不安。この不安は決してなくならぬ。受け入れるよりほかにない。〝信心において不安の不安性が消える〟。

○「後生の一大事」――いくら言っても言いたらぬ。

○「七地沈空の難」（七祖　一一三三）に陥る人は、獲信していない。真実信心には、そういう難があるはずがない。「私は信心において退転ということを知らぬ」（横田慶哉先生）。

○自力が破れるということのほかに、他力はない。

○去るが来る、来るが去る。時における永遠。そこが獲信の場だ。

○信心において生が全く新しくなる。滅びの生が永遠の生となる。

○如来が私に来て〝聞いてくれよ〟と拝まれる。それが念仏申すこころとなる。

○「わが心にまかせずして心を責めよ」（一二四八）。信心の功徳の展開——還相の倫理。

○聞いて憶えたのを信心とかん違いしている人は、一歩も二歩も手前に引き戻さねばならぬ。

○自分が自分に相手になってはいけない。相手になるような、代《しろ》ものではない。「身心脱落脱落身心」、放下だ。直下に脱底する。

○当流は「信心為本」、勤行為本ではない。信心を忘れた勤行は、雑行雑修に摂まる。

○いつまでも続く流浪の旅——居場所は何処にあるか——。居場所の発見、それが信心。

○「機」から言えば死にたくないということ、「法」から言えばいま死んでもよいということ。

○信心のひとは如来のいのちを生きる。光寿二無量が私を生きる。

○存在と生成の統一。そこが救いの場所。信心獲得は居場所の発見にほかならぬ。

○相手の立場がわかれば腹立ちがおさまる。つまり、腹立ちのもとに無知がある。法というものが涸れて来ることにほかならぬ。

○弘願門の前には要門・真門がある。この前提が失われたから、信者が育たないのだ。「いづれの行もおよびがたき身なれば、とても地獄は一定すかぞかし」（八三二）は、否定態にあらわれた〝行〟だ。

○信が死のリィアリティをとらえるゆえにこそ、死の不安・恐怖が脱落する。往生一定のたのもしさだ。

○〝如来に命をたまわった、長生きさせてもらった〟——疑いを容れない。「信心をいただけば、二〇年は長生きしますよ」（横田慶哉先生）。

○不安を正しく知らなければ哲学者にはなれない。不安を通してのみ信楽に到るのだ。

○〝極難信の法〟を賜った。仏縁の深かったことを慶ぶ。

○「しかるにいまことに方便の真門を出でて、選択の願海に転入せり……ここに久しく願海に入りて……」(四一三)。永遠が時を載る瞬間だ。時における永遠のアトム。

○人生を終末点から見る、始めに終りを見る。死ぬ前に死ぬ。それが信心だ。

○憎しみは、人を早く老いさせるという。それもそうだろう。ストレスは身心ともに悪い。信心はストレスからの全面的、かつ根本的解放。

○「泣信心」は、感情への陶酔にすぎぬ。暴風のようなものだ。過ぎ去れば何も残らぬ。もとのもくあみだ。

○信心は学問的に接近され得ない。絶対の断絶を介するから。だから「不可称不可説不可思議の信楽」（二四六）。

○不安・動揺・懐疑を通らないような信心はない。この絶対否定的なものの貫徹から信心は開ける。

○真実信心は、無神論と接する大きな疑問を通り抜ける。

○信心の論理は、自由即必然・必然即自由。

○無条件のおまかせは、裏から言えば無条件のおすくいということだ。

○真実信心は疑心を貫徹、それを背後に輝く。

○〝信心〟は、身心脱落だ。全身心を本願が貫く。逆に言えば、信心は心理学的な接近を拒否する。

○「信楽一念」は、無限の過去と未来への展望を同時にひらく。前者は〝遠慶宿縁〟、後者は〝往生一定〟。

○方便化身土巻を背後にしないような信はないと思う。行（定善散善）を通って信が開ける。理想主義者しか信心に入れぬ。天から降って来たような信心はないということだ。

○スイートホーム的な信仰を脱ぎすてて、信仰は再獲得されなければならぬ。

○易行とは説いてあるが易信とは、説いてない。極難信の法だ。聖道門は修行が難しいが、浄土門は信心が難しい。

○「泣き信心」は、いわば一八〇度の回転、三六〇度の回転ではない。だから平生心・落ち着きが出て来ない。

○「われ往生すべければとて、すまじきことをもし、おもふまじきことをもおもひ、いふまじきことをもいひなどすることはあるべくも候はず」（七四四）は、「煩悩即菩提」「煩悩菩提体無二」のはたらきにほかならぬ。信心は倫理を定楚する。

○経典や研究書に信心がころがっていないかと、信心を探すのはよくない。むしろ、その姿勢をひっくりかえして「読むとは何か」と問われなければならぬ。

○思考のない信心はのびぬ。「不具足信」だ。「この人の信心、聞よりして生じて思より生ぜざる、このゆゑに名づけて信不具足とす」（四〇七）。

○機法二種深信が機法一体、機法一体が二種深信だ。「絶対矛盾の自己同一」、一の二、二の一。

○弥陀の正覚が、わが往生のあかしにほかならぬ。安心は正覚にあってそのほかにはない。

○如来の親切に負けて信をとる。〝聞いてくれよ〟の願いが貫通するのだ。

○自己内反省・自己分析に終止する人は、信をとり難い。信心は絶対に分析論理に入って来ない。

○「ああ、弘誓の強縁、多生にも値ひがたく、真実の浄信億劫にも獲がたし」（一三二）。いよいよ難信の法、極難信の法だ。仏縁の深いことを慶ばざるを得ない。

○〝時節が来ないと心底から驚く〟のは、既に時節の到来にほかならぬ。逆説の論理。

○願力が無始以来の自力疑情の岩盤を抜く。それが身心脱落だ。

○易行とは説いてあるが易信とは説いてない。むしろ、難信・極難信の法だ。

○「信楽開発の時剋の極促」（二五〇）はわからぬ。計算できる瞬間ではない。ゆえに「広大難思の慶心」（二五〇）。時における永遠のアトムだ。

○「弥陀智願の海水に　凡夫善悪の心水も　帰入しぬればすなはちに　大悲心とぞ転ずなる」（六〇七）――信心は〝自己存在の全体〟を媒介、〝意識－自意識〟の立場ではない。

○〝信行〟は「生死即涅槃」・絶対現実即理想の領解だ。そこを離れると〝西方往生〟というも戯論になる。

○信楽の論理は〝絶対の逆説〟、それは理解し得ない（凡夫の頭に入って来ない）。――自己の根本的裁断をいう。

○如来に抱かれて臨終を超える。〝抱かれて〟の自覚、それが信心にほかならぬ。

○「理想主義者でなければ信仰に入れない」と、恩師が仰せられたのは深い意味がある。「菩提心」ということだ。「発菩提心」がなければ仏教ではない。

○〝分からないまま疑いのまま〟、如来の智慧のなかへ入るということはない。信心とは疑心の転だから。そこに〝分からない〟という言葉の意味が転換される。疑心往生は、許されぬ。

○「信順を因とし、疑謗を縁として」（四七三）とあるから、聴聞が人をつくる。仏法に耳を貸さないものは、この言葉の外にいる。「誹謗正法」「一闡提」とはそのことであろう。

○信心が和讃の真理を証明、信心が真宗学を定礎する。

○他人《ひと》を知って自分を知り、自分を知って他人を知る。

○仏と自己を張りわたす場は、責任。仏が責任を引き受けたまうことによって、自己が責任を引き受ける。無限の責任を自己は引き受けることができぬ。業とは責任ということだ。

○昭和二三年三月一日の奈良県立郡山中学卒業写真。何十年の時を超えていまの私と直面する。「久遠劫よりこの世まであわれみましますと」（六一六）如来の光である。

○現代、社会的見方が優勢。何か問題があれば、すぐに社会が悪いと社会に還元する。これに歩調を合わせて、個人の問題が忘れられている。個人の方向をつきつめる――それが仏教だ。

○人間は悪魔になり得る。否、むしろ悪魔だ。教養は仮面。ヒューマニズムの弱さ、仮面偽善。

○「まづ機をいへば、十悪五逆の罪人なりとも五障三従の女人なりともさらにその罪業の深重にこころをばかくべからず」（一二〇二）――信心は脱人間化・脱自として主観の離脱にほかならぬ。

○飯塚製本所に『御文章』の修理を頼んで、「もう出来ましたか」と何度足をはこんだかわからない。その度ごとに、「もうちょっと待って下さい」と断られた。これはひとごとではない絶対者は瞬間瞬間に私達を訪れている。しかしその度ごとに、私達は絶対者を拒み、投げ捨てて来たのだ。そういう反逆の無限の繰り返えしが、私の流転の歴史であった。

○自己は根本悪によって制約されている。それゆえに自己の閉鎖性を開くためには、悪の根を掘りおこし突破せねばならぬ。本願力のみがそれを為したまう。悪の根ということを唯物論者は、夢にも知らぬ。

○意識的自己は火山の火口、潜在意識は地下のマグマ。意識的自己を超えてマグマが吹き荒れている。

○　私は恐ろしいものをもっている。一歩もそこから出ることは出来ぬ。「刀葉林地獄」は間違いない。自己存在は底無しの魔坑だ。

○　人間は過去か未来に逃げる。前者は追憶、後者は期待。「追憶は女々しい、期待はみだらである」（キルケゴール）。〝いま〟を生きよ。

○　悪魔の秘密は、驕慢だ。驕慢があらわれて嘲笑となる。

○　暖かいものに出合って、はじめて自分の冷たさがわかる。

○　たとえば、この世の不幸な事件一つを取ってみても因縁の和合によって突発する。譬喩的に言えば、ガスが充満して（縁）、それにマッチの火が点火されて（因）爆発するようなものだ。どちらが、欠けても事件は起こらないだろう。

○顚倒の妄見とは、自分ではないのを自分と思うことである。身体を中心として周囲に執し、それを自己と思っている。「仏法には、無我と仰せられ候ふ」（一二五七）。

○死の不安は虚無へのそれだ。罪とは自覚的になった虚無。もし単に無ならば、死は何ら恐るべきではない。むしろこの世のあらゆるわずらわしさ苦しみからの脱脚である。しかし死の恐るべきゆえんは、虚無のなかに〝自己〟が投げ入れられているからだ。

○何もすることがないほど辛いことはない。それは、〝死ね〟ということと同じだ。

○ガンより恐ろしいものは、造った罪である。ガンは命を取るという以上のことはしない。罪は未来永劫に私につきまとって離れない。

○「群賊悪獣詐り親しむといふは即ち衆生の六根六識六塵、五陰四大に喩ふるなり」（一二二五）。恐ろしいところに住んでいるということだ。主観・客観の全体・自己の全体が、死の相、虚妄の相において見られる。

○〝好奇心（Neugierde）〟も虚無だ。すべてが虚無（我執）の闇にくるまって現れる。

○〝虚しさ〟の感情の鋭い人は、人間が深いと思う。頽落とはそれのないこと、どこまでも自己をごまかすことに成功するのだ。

○人間は時のなかに滅びの生を生きる。

○最後の敵は、自分だ我執だ。「自分が自分の穴にかくれている」。

○追憶は、虚無の襲いかかりだ。

○念仏がなければ、自己は決して満足しない。つねに飢えている。

○私たちの過ぎこし背後に無限の闇、出ていく前途にも無限の闇が拡がっている。ということはいまも闇のなかにいるということだ。「闇はすなはちこれ世間なり」（一三四）。

○「あゝ暗い、実に闇い」――死に直面したある人の言葉。

○病院の個室の夕暮れ――とても耐えられぬ。しかし死ぬときになると、みな個室に移されるらしい。

○「孤独」――人生の総計算。「淋しい恐い」（ある人の言葉）。

○私の背後にも私の前方にも無限の闇が拡がっている。闇から闇へ。つまりいまも闇の中にある。

○パチンコ産業――人間がパチンコという機械にふりまわされ、自己が自己以外のものによって自己を失うという自己疎外。

○鬱憤を口に出して自覚的（für sich）にすると、かえって勢威（Potenz）を高める。また、黙って押しとどめると、かえって内向して悪い。いずれにしても難しい。念仏のほかに根治治療はない。

○「いたずらにあかし、いたずらにくらして……」（一一六七）――虚無と罪は結びつく。罪は虚無の自覚態だ。

○人間のあらゆる楽しみは、虚無の深淵に浮いている。

○「しかるに世の人、薄俗にしてともに不急のことを諍ふ」（五四）。自己を見失っている。虚無に直面するのがいやなのだ。

○「自分が安住し得たあらゆる関係が断絶して、絶対的に一人になることが強要されること、つまり絶対的な孤独にあるように思われる」（富山医科大学教授、沢田愛子、生命倫理の研究者）。

○時々、何とも言えぬ虚しさが、すき間風のように心のひだをすり抜ける。それが、次第に大きくなる。

○何か不満、これでよいのかという気がする。腹に一もつが滞って動かぬ。

○業が本願の真理証明の場となる。如来は罪業深重の私を呼んでおられるのだ。「これしかしながら業病のいたりなり。また往生極楽の先相なりと覚悟せしむるところなり」（一一八四－八五）。

○勝他心の根も、この世だけにはない。自己主張という深い我執が、それだ。

○自己の拡大が喜び、縮小が悲しみ。老年は失う課程だから老年は淋しい。

○「わが身はわるきいたづらものなりとおもひつめて……」（一一〇八）。罪は無限の時間と空間、無限の拡がりを一点に集める。そこに世界は限りなき愛慾と苦悩の場となる。

○ドストエフスキィーは、「人を殺めるのは、絶対に不可」ということを言いたかったのだろう。

○信心の真偽は、法座が答えを出す。

○行信が教の真理証明。「この法は人の分上にゆたかにそなはれりというとも修せずは現われず」（道元）。実存の立場、理性の立場ではない。

○「かの安楽浄土に生まれんと願するものは、かならず無上菩提心を発するなり」（一五三）。信心は理想主義の定礎。

○甲斐のある一生だったか、無駄な一生だったか——信心獲得か否かの一点にかかる。

○「信を発して称名すれば光、摂護したまふ、また現生無量の徳を獲（四八六）。諸仏の護念まことに疑いなし、……」（四八六）。この御文は「定業中夭のぞこりぬ」（五七四）と相応するだろう。自然・歴史は、浄土から考えられる。

○信心とは名号の実存化をいう。領解とはそれ、頭ではなく、体でわかるのだ。

○信心は釈迦弥陀二尊の正覚と別ではない。

○信樂の論理は絶対の逆説。「地獄一定」が「往生一定」、「往生一定」が「地獄一定」。絶対の逆説は、論理学・凡夫の頭に入って来ない。だから不可思議光如来と讃ぜられる。

○日野原重明氏は、「人間とは弱いものだ、死ぬのは怖い、私も怖い」と言う。信心において恐怖の恐怖性が消える。信心は時における永遠のアトムだから。

○信心はあらゆる学校教育の延長線上に成立するのではない。信心は教養から無限の深淵を隔てる。

○聖人が〝悪し〟と仰せになるのは、〝信〟のなきことだ。

○宿善とは宗教的アプリオリ、天性の資質をいう。『御文章』（三－一二）を見よ。

○〝相続〟が信に本質的に属する。「決定の信なきゆゑに　念相続せざるなり　念相続せざるゆゑ決定の信をえざるなり」（五八七）。

○信楽の論理、絶対の逆説は、ＡＩ（人工頭脳）のなかに入って来ぬ。

○真実信心の行者は、退屈ということを知らぬ。

○無限の恩徳に対するとき、〝忘恩〟の一字しかない。

○信楽の論理は絶対の逆説、〝そのまま〟は、そのままでないからそのままだ。

○「機の深信」が自己を知るということだ。「無明煩悩しげくして　塵数のごとく遍満す」（六〇）は、「機の深信」の開展にほかならぬ。

念仏

○如来の方から私に来てくださる。「また来たよ浄土から」（オ一）。それが称名念仏だ。

○否定されたかたちであれ信心のなかに悪がある。その意味で一生問題を残す。

○信前・信後における倫理の意味は、どれほど深く評価しても評価しすぎるということはない。信前の倫理は往相の倫理、信後の倫理は還相の倫理。

○信心をいただいたと言いつつも、さとりを開いたわけではないから煩悩はかわらぬ。煩悩がなくなれば、仏。念仏者は仏との無限の遠さと近さのひとつなるところに住む。

○快楽のあとの虚しさ――誰もが感じる。永続する慶びは念仏のみだ。本当の幸福は念仏からのみ来る。

○念仏者――恩はかならずかえす。「ただ自力をすてて、いそぎ浄土のさとりをひらきなば、六道四生のあひだ、いずれの業苦にしづめりとも、神通方便をもって、まづ有縁を度すべきなり」（八三五）。

○念仏は形而上学から迫れない。むしろ、形而上学を無意味化する。

○理想主義的な生き方――それは念仏に通じる。〝貪名愛利〟――それは念仏に敵対するものだ。「未だ名利を捨てざれば発心と称せず」（道元）。

○いまいちばん欠落しているのは、倫理性だ。倫理は信心の前段階とも言えるだろう。真実信心の行者が育たないもとにこれがあろう。

○何とはなしに死の不安が襲う。本願が絶対否定として響く。念仏者は終末から生きているわけだ。

○虚無からの脱出は、「念仏申さんとおもたつこころのおえるとき」（八三二）。滅びの生の永遠の生への転成だ。

○「念仏申さんとおもひたつこころ」（八三二）は、他宗教・他宗派への決断の根拠を抜く。

○「信の一念」は、世尊の成道と質を一にする。

○花は散り際が美しい。念仏者も同じだ。それを〝難思議往生〟という。

○妙好人と現代人との間には、差がありすぎる。彼らの言葉はあまりにも深い。

○念仏への道は、真面目《まじめ》・至心だ。

○「念仏申さんとおもひたつこころのおこるとき……」（八三二）、宗教的決断だ。だが、そこに自己が残っているならば、決断ではない。大悲心が届いて決定となる。

○被遍照の光明界に住んでいる。その証処に自然《じねん》に念仏が出てくださる。

○念仏者は絶対の自己否定において自己をもつ。「世間通途の義に順じて、当流安心をば内心にふかくたくはへて、外相に法流のすがたを他宗・他家にみえぬやうにふるまふべし」（一一五九）。

○凡夫のたすかる道は念仏のほかにない。念仏は〝凡夫が仏になる教え〟だ。

○如来が私に来て、たすかってくれよと拝まれる。それが称名念仏となる。

○念仏は光、世情を照らす逆光線だ。ニュース番組がそれに照らし出される。

○念仏は生の全体を疑問符に化すとともに、生の真義を開闡する。生が絶対の否定と肯定を回る。

○「真如はこれ諸法の正体なり」（七祖、一三六）の証明――証明は念仏。

○念仏において虚無の深淵が底をつく。本願海において生死海が底を現す。そこに淋しさと虚しさが超えられる。

往生浄土

○自力が尽きるということのほかに他力はない。

○「わが心にまかせずして心を責めよ」(一二四八)。自然《じねん》と当為との統一。

○自力執心は自力執心を知らぬ。邪見憍慢は邪見憍慢を知らぬ。それを邪見憍慢という。

○自力の岩盤を摧破する——如来のご苦労はその一点にかかる。自力の尽きるを離れて他力はない。

○「私たちは阿弥陀如来のご本願を聞かせていただくことで、自分本位にしか生きられない無明の存在であることに気づかされ、できる限り身を慎み、言葉を慎んで、少しずつでも煩悩を克服する生き方へとつくり変えられていくのです」(本願寺手帖、六頁)。「煩悩即菩提」、「煩悩菩提体無二」(五八四)から本願寺の教書が出て来る。つまり倫理は信にもとづく。

○浄土というも往相と還相の転換点、還相の全現にすぎぬ。

○

極楽はすべてがすべてに挨拶し合うところ。地獄はすべてがすべてに「お前を知らぬ」と排斥し合うところ。

○

地獄は無底の深淵だ。しかし、浄土はもっと深い。地獄にとって浄土は、無底の深淵。地獄も浄土においてて底をつく。

○

極微の一点から出死を出る。尽十方無碍光如来が私を突き抜ける。無限大が無限小。脱自だ。浄土はいたるところが絶対の中心。

○

浄土に詣ろう詣ろう詣らせてもらおうとするから、ひょっとしたらもれやせんと不安なのだ。阿弥陀さまといっしょなら地獄に堕ちてもよいではないか。

○

徐々に高度を下げスピードを落とし着陸点が見えて来た。着陸と同時に衆生済度に離陸する。

○

「堕ちて来いよ、堕としはせんぞ」のお呼び声。阿弥陀さまのおられる地獄ならば、堕ちてもよいではないか。

○仏、私に来り仏を拝ましめたまう。

○本願をめぐって生の意味が根本的に変わる。滅びの生から永遠の生に転じる。

○弥陀仏とは、絶対的な力の中心。すべてをそのもとに集める。「十方微塵世界の　念仏の衆生をみそなはし　摂取してすてざれば　阿弥陀となづけたてまつる」（五七一）。

○獲信とは本願にかえること、始源にかえることだ。

○真に〝始め（Anfang）〟と言えるのは、本願のみ。すべては本願から始まる。

○主観から絶対に超絶したものは、見ることも聞くことも考えることもできぬ。浄土がそれだ。

○本願は絶対否定即肯定的に理性を貫通する。宗教的思考の成立。

○衆生の方から本願へ開く自由はない。キリスト教的に言えば〝躓き〟だ。

○五念門・五果門は如来の仕事。それがそのまま私の仕事となる。

○知恩報徳は、本願からのみ言い得る。私は忘恩のやからだ。

○名号は超感性的な理念ではない。生きて働く如実相・自然《じねん》だ。

○自己の切断は、第二十願から第十八願への転入に成立する。第十九願から第二十願への転入は連続的、つまり自己が残る。

○浄土の聖聚は、絶対に同じいのち・如来のいのちを生きる。

○浄土は一切が互いにそのもとを持ち合う、絶対肯定の世界である。

○両親と故郷ほど落ちつくものはない。だが、真の落ち着きは弥陀如来。如来のなかに住む、永劫の落ちつき。

自然
じねん

○絶対否定即絶対肯定、生即死　死即生を自然《じねん》という。「自然《じねん》のことわり」（八三五）を知らないから仏恩師恩を知らぬ。

○「自由即必然　必然即自由」。そこで何もかもかたがつく解決する。「即」を自然《じねん》という。

○釈迦・弥陀二尊の御はからいを自然《じねん》という。自然《じねん》は科学のいう自然《しぜん》から絶対の深淵を隔てる。

○鷲が絶壁を離れる瞬間。風、鷲のこころを知り、鷲、風のこころを知る。そういう知において風にまかせる。

○雪舟の水彩画を見る。自然から深い精神性、精神性から深い自然性、自然と精神を同時に両方方に突破した如実性・自然《じねん》が現れている。

老病死

○「妹の時もそうで、何気ない会話中、急に『落ちる。落ちる。抱き止めて』と言いつつ死んで行った。人間の無力さをあの時ほど感じたことはない」（ある作家の言葉）。

○医者も看護師も死ぬ。医学の敗北するところを受けて仏教は始まる。

○ある人の臨終の言葉、「怖い、淋しい」。

○死を決断する自由は人間のなかにない。自殺は如来への反逆行為だ。本願のかかった命だから。

○死の不安の不安性、恐怖の恐怖性がなくなるというかたちで死のリィアリティが抜かれる。残るのは、呼吸と心臓の鼓動の停止のみ。

○〝はやく浄土に詣りたい〟は、老いの苦しみの投影にすぎない。つまり愚痴だ。「……いままで流転せる苦悩の旧里はすてがたく、いまだ生れざる安養の浄土はこひしからず候ふこと、まことによくよく煩悩の興盛に候ふにこそ」（八三七）。

○凡夫の考えているような〝実の生、実の死〟があるわけではない。生即不生　死即不死として、死は呼吸と心臓が止まるだけだ。自然現象にすぎぬ。

○戦争は悪い、文句なしに悪い。正義の戦争なんてあるはずがない。〝大東亜共栄圏〟という旗印をかけた太平洋戦争は、ごまかしだった。

○堀内恒男さんのような死に方をしたいが、こればかりはわからぬ。「まづ善信（親鸞）が身には臨終の善悪をば申さず」（七七二）。

○見たり聞いたりするものが〝すべて〟――そのほかに何もない――そういう考え方が、死ねばしまいだあとに何も残らぬという邪見だ。

○死を前にして、すべてのものが私たちを背後に引き戻す。特に中心となるのは、妻子への愛着であろう。それを「恩愛はなはだたちがたく、生死はなはだつきがたし」（五八〇）と仰せられた。

○

老化とは、身体《からだ》が身体自身に反逆することであると思う。私たちの生が、そのような深い自己矛盾を蔵している。それが滅びの生「浮生なる相」（一二〇三）だ。

自己

○「信心」が我執の巣窟となり、そこが腐敗するということが充分にあり得る。「他宗・他人に対してこの信心のやうを沙汰すべからず」(一一一一)は、この危険を見こして説かれているのだろう。

○真実信心には「七地沈空の難」(七祖、一三三三)はない。仏光つねに照護したまうから。

○人間は運命を受け入れることはできぬ。何故このようなことになったかと世を呪い人をうらむ。

○無明煩悩は、科学から絶対に迫れない。自己は科学に解消されない何物かだ。

○臨終を通りぬけてゆくものは、何か。業だ、身口意の三業、広い意味での行為だ。業が三世を貫いてまとめる。自己が業でなく業が自己だ。

○いわゆる自己のなかに罪があるのではなく、罪のなかに自己がある。真如と逆対応する罪の拡がりを「畢竟虚空の如し」(論註下)という。

○　業ということがわからなければ、同一性がわからぬ。自己とは同一性だ。

○　後悔からは創造的な何ものも生まれない。後悔のなかには、為すべきではなかったという自己をたのむこころ、自力執心がある。「さるべき業縁のもよほさば、いかなるふるまひもすべし」（八四四）は、自己執着への鉄槌だ。

○　業は、単に外面的、客観的に自己を超えているのではない。もしそうならば、自己は自己ならざる第三者によって操やつられることになる。そこでは、自由も責任も考えられない。そうでなく、どこまでも自己において自己を超えているのであり、自己を超えることによって自己なのである。自己は絶対矛盾にほかならぬ。

○　心が体を使うよりも体が心を使うのがよい。

○　人を截るところに、実在感がある。会議を待つ気持（出たい会議）を考えると、このように思わざるを得ない。それが、勝他心。逆に言えば、嫌な会議とは、自分が截られる会議だ。

○これだけは死んでもゆずれぬという一線——後生の一大事だ。

○絶対的なものに出会うから、罪の多い少ないは意味を失う。「おほよそ大信海を案ずれば……造罪の多少を問わず」(二四五)。

○自己はいかなるところへも開ききれない。国家であれ社会であれ家庭であれ。人生はそもそも孤独なのだ。開ききるのは本願のみ。

○死のリィアリティが抜き去られている。残るのは心臓の鼓動と呼吸のみだ。

○他人《ひと》によって自分を知り、自分によって他人を知る。

○絶対否定は、自己存在の直下につきつけられる限界そのもの。自他の区別が揆無される。否定判断とは違う。

○自殺は〝我〟の視圏にある。これによって、自己は単に身体ではないことはあきらか。

○　自愛が根絶されないかぎり、人を愛することはできない。「小慈小悲もなき身にて　有情利益はおもふまじ」（六一七）。

○　「私は何ものか」と問うている。問う当体が、いったい何ものか。

○　自分も本当に客観化できれば、苦しみから抜けられる。内観法とは、その一助。だが、内観法では不徹底だ。

○　自己は身体でもなければ魂でもない。身体的に分析しても心理的に分析しても自己はわからぬ。我意は真如・円覚との関係の場で生起した。

○　「人間とは何か」という問いは、具体的には「自己とは何か」の問いだ。

○　仏との関係において、自己は根本から揺さぶられ切られる。

○　山河大地が、如来召喚の勅命のすがただ。

○　樹々の緑は、身を落ちつかせる。自然であるとともに自然《じねん》だ。

○　一切が一切にそのもとをもち合う――永遠の生・如実相を生きる。自己を局限し、すべてから自己を閉ざす。反逆意志において自己をもつ。――滅びの生。自己の本質は、五逆謗法闡提だ。

○　自己は自己の拡大に喜びを、縮少に悲しみを感じる。自己が自己を抱えて離さないわけだ。

○　狸や狐が穴を掘ってそのなかに隠れるように、凡夫はそれぞれ深い穴のなかに潜んで、出て来ようとはしない。ここまではさすがの如来も攻めて来ないと。その穴はどのように身近な人も伺い知ることを許さない。それが凡夫の住居だ。それを魔坑とも火坑とも言う。

○　批判する私を批判する目をもち続けなければならぬ。しかもその目は私の目ではない。それが「他人をとがめようとする心をとがめよ」ということだろう。

○　自利の念が微塵でもある間は、本物ではない。自利のみを求めるのは悪魔だ。

○悪人は悪人と知らない。それを悪人という。

○「自明性（Selbstverständlichkeit）」とは、不明性ということだ。世間はそういう「自明性」に住み、省察（Besinnung）を忘れている。わかっているままが、何もわかっていない。

○自己を知らないから、自他ともに不幸にする。

○好きな俳優や選手に夢中になるというのは、自己喪失だ。「無限性の絶望だ」（キルケゴール）。

○自己は自己を喰いつくすことができない、絶望は絶望そのものを喰いつくすことができぬ。
——魂の不死の証明。

○暴走族のことが、現在やかましく問題になっている。何が彼らを深夜爆音をとどろかせて走らせるのであろうか。自己主張あるいは存在の誇示と思われる。彼らはそのようなかたちで自己を確かめる、それ以外の術を知らない。

○「いづれの行もおよびがたき身なれば、とても地獄は一定すみかぞかし」（八三三）。地獄一定、自己を知る——行の立場。教の真理の証明は行信。行を忘れると観念論に惰す。

○自己は如来への反逆意志においてある。自己の閉鎖性を切開するのは如来のみだ。「お前らの手に負えるか、私には如来さえも、もてあましたのだ」（庄松）。

○どのような慈善事業も自己愛を離れない。

○自己は責任においてある。責任は、無始以来尽未来際失せぬ。

○ひとごとではない自己の存在を引き受けられないということが迷い。自己が自己に直面することを何よりも恐れているのだ。

○つねに自分が自分をだます。自分が自分にかかわって後ろ向きになるのだ。

○真の自己は無我（絶対に自己ではない）である。そういう自己は、仏陀と何ら変りはない。それが、「信の一念」。信心の行者は脱自存在。「古桶の底脱けはてて三界に一円相の輪のあらばこそ」（盤珪）。

○自己が自己に映る、自己にもたれこむ。映った自己を自己としてとらえる。それが自己意識。

○自己意識は、自分が自分に映るということである。それはただ映るだけではなく、映ったものを把えるということである。自惚れだ。

○如来・知識からも切って捨てられるというところを含んで、はじめて自己が自己になる、自己につき戻される。

○自己の能力を堅く信じて疑はぬこと――自惚れ――は、実は自己自身を恐れていること、虚勢を張っていることにほかならぬ。絶対的な自信というようなものは人間にあり得ないから、自己を直視し得ない怯惰。

○自我を自我として成り立たせているのは、行為である。自業自得、「真理の行為的性格」。ゆえに自我を破るのは、観想の立場ではなく行為でなければならぬ。行為は行為によってしか否定されぬ。

○将棋に例えて言えば、自己は十劫の昔に既に詰まされている。その局面を聖人は「地獄一定」と仰せになり、また、善太郎は「夜の寝息までが地獄の仕事」と言った。

○私たちは比較のなかに生きて自己を忘れている。相対的他者に執している。そのもとに個我の成立がある。それとともに三世を貫く苦悩がはじまった。

○自己が本当に自己になるというかたちで、他者も本当に他者になる。そういう場が開けることによって、はじめて自己にも他者にも触れることができる。自他不二。

○如来の御恩がよろこべないのは、わが悪を忘れているから。また、わが身の悪を知らぬのは、如来の光に値っていないからである。ここに循環がある。恩を知るのも他力だ。信心の難しさもここにある。

○「難治の機」（謗大乗、五逆罪、一闡提）とは、本願に照らし出された私の姿である。「難治の機」は、仏のみが治したまう。声聞、縁覚、菩薩のよく治するところではない。（私のはからいで他人に法をすすめようとするのは、たいへんな間違いである）。

○わが胸のなかに悪魔がすんでいる。仏法をあざわらう悪魔が。

○他人が自分を滅ぼすのではない。自分が自分を滅ぼす。鉄の錆が、鉄自身を喰うように。

○自己の自己自身との戦いというのは、矛盾概念だ。戦いそのものが我意のもとにあるから。

○本年度の秋季仏教講演会に来てくれた京都の高橋さんが、あるタクシーの運転手から聞いたとして、次のような怖い話をしていた。「京大病院から、八幡へ行ってくれと言われて、一人の婦人を乗せた。客が向うの燈の点っているところに私の家があると言うので、車を止めた。振りかえると、客はいなかった。驚いてその家にかけこむとちょうど、その婦人の通夜で、家人が娘に違いありませんと言って、タクシー代をくれた。客の服のガラまで似ていた。どんな思いで、家に帰ったか、わからなかった」。奥村久雄氏も死んだ筈の人が運転席の横に座った話をしていた。島大心理学の講師にこの話をしたところ、彼はそれは火事場の馬鹿力というようなもので一種のエネルギーだと言う。しかも物理的エネルギーと違って、特定の方向に働くということである。今の場合は帰趨本能として、自宅の方向に。それについて、私は「業力不思議」を思い出した。業とはやはりひとつのエネルギーだ。

○　責任は、他の何人も代ってくれない。心配はしてくれるが、親でも私の責任は取ってくれない。私の責任を引き受けてくださるのは、如来のみ。

○　身体も我意のもとにある。理性・感性は我意に統一される。

○　身体が自己を作ったのではない、むしろ逆だ。流転輪廻する自己・業が身体を作った。

○　身体も対象化の地平に現れる。自己が自己をとらえる、自己の二重化の地平。

○　自己を突放す醒めた目——仏眼だ。

○人間のすべての営みには、本来的自己に直面することから逃げるという意味があろう。自己を迷わすのは、ほかでもない自己である。自己はいわば麻薬を打ちつづけるのだ。

○人間の愛情は、自己を原理出発点としている。

○「自分を愛することの出来ない人に他人を愛する資格などない」。問題は、愛の意味だあらゆる愛は自愛に収斂する。

○自分の足で立つことの出来ぬようなものは、つまるところ精神的な売春婦だ。

○自己が自己を把えて放さない。そういう執着関係において自己はある――虚妄の自己。

○苦しみのもとは、自己にある。ゆえに自己を知ることが苦しみから脱する道。そこから相互理解も生まれる。

○言動に首尾一貫性がなく、その場その場で言うことがクルクルと変わるのは、自分を本当に見ていないからである。

○

個人は社会に開き切れない、どうしても〝何か〟が残る。その〝何か〟こそ肝要なのだ。そこから言えば社会は抽象体だ。個を全面的にひらくのは、本願のみ。

○

自己が自己に映る、自己の二重化・執着。

○

凡夫身口意の三業に、如来心との接点は断えてない。

○

暖いものに接して自分の冷たさがわかる。

○

テレビニュースは私を照らし出す逆光線だ。「よろづのこと、みなもつてそらごとたはごと、まことあることなき……」（八五四）は、照らし出された〝すがた〟だ。

○

自傷・自殺・行為のもとに身見・我見がある。自分の身体と見るわけだ。身体の対象化・自己化。

○業から生と死を考える。業が生死の場。

○婚前交渉が普通になって、乱交パーティーのようになっている（風俗業に働く女性は、ＯＬ時代に既に複数の男性と交渉をもっているらしい）。

○後悔は無意味だ。そこから何も出て来ない。「それはあった（Es war.）という石は動かせない」（ニーチェ）。

○三愛とは、何も臨終にはじめておこるのではなかろう。私たちは、いつも三愛のなかで生活をしている。ただ、その執着に気づかないだけだ。執着は肉体の死に関係なく続く。それが流転輪廻。臨終はこの世を去ってゆくときだから、愛執があきらかになるのだろう。愛別離苦。

○自己のからに閉じこもって空中楼閣を築く。しかもその楼閣は自惚れと権力欲によって支えられている。現実感覚がない。

○　相対的な絶対否定は意志を完全に否定することができぬ。たとえば天皇の名のもとに死を命じられた特攻、死に趣いた若者は心に残るものがあったろう。絶対的な絶対否定は意志を通して意志を否定する。

○　情報過多の時代にいかにして情報に振りまわされないか、大事なことだろう。テレビもニュース以外にあまり見る価値がない。スマホは持たぬ。

○　映すということが、とらえるということであり、とらえるということが、映すということである。どこまでも自己が自己に映るから。自己にもたれからみつく。

○　自己を正しとする直接的な自己肯定——迷いの根源。

○　「自己」は仏から無限の断絶を介する。無底の深淵が両者を突破する。

○　自己の本質は〝我意〟——私は無始以来如来に反逆をつづけて来た。

〇 〝遠くの人を愛する〟は、自己を拡散させる。〝近くの人を愛する〟は、否応なしに自己に突きもどされ、のっぴきならぬ対応を迫られる。

〇 自己は自己確認において自己をもつ。自己の本質は自惚れだ。

〇 世界（全体）の中に唯一投げ出されている――不安そのものだ。

〇 「機の深信」において自己は全面的・根底的にあきらかになる。心理学（意識の立場）からは自己に届かぬ。

〇 凡夫は自惚で生きている、自己確認がいのちだ。自己を認めてくれる人がよい人、認めないのがわるい人。

〇 「自己」とは自己確認――それが〝いのち〟、それで生きている。しかもただの確認にとどまらず、その再確認――自己の二重化だ。

○暴力は絶対に肯定できぬ。暴力は文句なしに悪い。これは私の信念だ。

○責任における統一の場――それが自己だ。つまり自己は三世因果の集中点だ。

○自己が業でなく業が自己だ。業は「意識―自意識」の場をはるかに超えている。

○どうしても自分が悪いとは思えない。それが〝地獄行きの姿〟であるけれども。

○「……これしかしながら業病のいたりなり。また往生極楽の先相なりと覚悟せしむるところなり」（一一八四―一一八五）。業が真理記明の場となる。実存の立場――理性の立場ではない。

○自己の拡大が喜び、縮小が悲しみである。

○自己が自己になる、自己が自己を引き受ける――それが如何に難しいか。

○あらゆる苦しみのもとに、「われ善し」とする自己義認がある。何かよくないことをすると、自己を責めるということが出て来る。

○「自己嫌悪」というのはよくない。そのなかには〝我〟がある。自分はもっとよい筈だ、善人なはずだという自惚れがある。

○「自分自身を好きになる」のも間違い、「自分自身を嫌いになる」のも間違い。好き嫌いを離れるところに真の自己がある。

○自己が自己になるとは、物が物になることにほかならぬ。そこに物への感謝が成立。物が在庫（Bestand）という性格を脱する。

○説教は善知識の徳の讃仰につきる。

人生

○娑婆の成功も失敗も臨終において意味を失う。

○自殺は罪だ。いのちは自分のいのちでありながら、自分で左右できない自分にあまるものだから。

○何故生きる――生きるから生きる。「何故なき生」（エックハルト）。

○何事もあせりは禁もつ。大きな仕事であればあるほど時間をかけねばならぬ。

○金はパチンコの球になる。しかしすってしまった球は再び金にはならぬ。無駄に過した時は再び戻らぬ。

○人生の統計算は孤独、それをいかに乗り超えるか。

○〝悔いなき人生〟とは、美辞麗句にすぎない。

○偶然というものはない。説明できない何物かをそう呼んでいるだけだ。

○後悔からは何も出て来ない。過んだものは決して帰って来ないから。後悔は不毛な概念。

○終末点（死）から生を見る。

○離合集散は凡慮を絶する。「つくべき縁あればともなひ、はなるべき縁あればはなるる」（八三五）。

○生きがいを他者に求めているようではつまらぬ。名誉欲の虚しさ。「いまだ名利を捨てざれば発心と称せず」（道元）。

○「この世は楽しむべきところ、楽しまねば損だ」――生の直接肯定の言表。借問する、「それでは仏陀世尊の出家成道はどうなるのだ」。

○現代人は〝生きる〟ということも方法論に歪曲する。本質論の欠落。

○大疑が生そのものに組みこまれている。生の真義は大疑を通してそれを超えるところにあらわれる。

○無限の悲惨を前にしてこの世の不幸は意味を失う。無限の浄福を前にしてこの世の幸福は意味を失う。

○虚無においてすべてが無意味（sinnlos）になる。ゆえに〝意味の意味を問う〟ということのほかに、生きる意味がわからぬ。意味は絶対に二義（zweideutig）的である。

○自殺とは死を受け入れる前にそれから逃避することだ。そこに自殺の自己矛盾がある。

○〝ただ生きている〟ということだけからは、生の意味がわからぬ。それこそ酔生夢死だ。名号が私を生きる――そのほかに生の意味は開示されぬ。

○大局を見て脚下を忘れず、脚下を見て大局を忘れるな。細心にして大胆、大胆にして細心なれ。

○〝生きてつまらん死んでなおつまらぬ〟から、〝生きてよし、死んでなおよし〟へのひっくりかえり――信心。

○人生の全体は、獲信するか否か――その一点にかかる。

○卒寿を超え、終末点から人生を見るようになった。仰ぐべきは仏恩師恩。

○〝この世に何しに来たのか〟と、正面から問われると誰も答えられない。ただはっきり言えることは、この世には何もないすべては徒労に終るということだ。しかしそれではどうしても満足できないという人たちがあった。

○薬物中毒は、体とこころがおぼえている、理性ではどうにもならないという。昔の恋人が忘れられないのと同じだろう。

○晩年、どうにもならないのは〝淋しさと虚しさ〟。

○　現代に欠けているもの——それは大きな疑いだ。〝問い〟から始めねばならぬ。

○　生の背後にも死の彼方にも無限の虚無が拡がっている。つまり、人生の全体が虚無の深淵に漂っている。何人もこれに耐えることはできぬであろう。

○　奈良県立郡山中学校の卒業写真（昭和一三年三月）を見る。何だか淋しげでこれが自分だったのかと思う。いまの私との間に大きな断絶がある。

○　山の中に逃げても海へ入っても、業・責任から逃げるところはない。

社会・国家

○私は日本を愛することにおいて人後に落ちないと思っている。日本は世界のリーダーとなるべきだ。しかもそれは政治や経済ではなく。大乗仏教においてである。

○宇宙空間もナショナリズムの権力争いの場となっている。科学技術も大国間の覇権争いに屈するわけだ。

○東條は念仏とともに刑場の露と消えたという。借問する、念仏にもいろいろある。三一〇万人の戦場犠牲者をどうするのか。独り極楽に詣るのか。「われより先に人をわたさん」（道元）を忘れたのか。

○愚かな戦争をしたものだ。アメリカに勝てるわけない。三一〇万人が死んだ。特に陸軍は、独善的で視野が狭かった。

○技術も大国間の権力構造に組みこまれている、核兵器がその象徴だ。

○ＮＨＫ「有吉佐和子」（二三・六・三）を見る。日本の小説家には、宗教がない。だから描写が平板だ。人間を人間からのみ見るという視点を脱していない。

○歌手に自殺者が多いのは、大衆の人気と現実の自分との落差に耐えきれぬからだろう。キルケゴールの言う「無限性の絶望」だ。

○テレビは音の暴力だ。ニュース以外はほとんど見る気がしない。出演者の笑いや身ぶりがいかにもぎこちない。わざとらしさが、すけすけに見えて来る。

○テレビは虚無に餌を与えつづける。虚無はつねに飢えているから。スイッチを切った瞬間、何ともいえず虚しい。

○今次の大戦のもとに陸軍の独善、視野の狭さがある。東條はその具現だ。

○テレビに出て来る人の笑いには、技巧が透き通って見える。いかにもわざとらしい。

○テレビは悪い、思考の時間を奪う。下手な番組を見ているよりも寝たほうがましだ。体だけでも休まるから。

○　何ということなしについテレビのスイッチを入れる。何か鳴っていないとたよりない。虚無が餌を求めているのだ。

○　軍人は政治に手を出すべきではない。太平洋戦争の悲劇は、手を出したからだ。トップは文人がつとめるべきで、軍人は所詮番犬だ。

○　今度の阿部元首相の暗殺事件について、識者は民主主義社会への挑戦だと言っている。しかし、真相は社会が個を含み得ないこと、民主主義の無根拠性を語る。その意味で社会の病根をあばく。

○　NHK「心の時代――宗教・人生」（二三・七・八）を見る。超越の視点が欠落、否定が入っていない。生の直接肯定に終始。そのかぎり生の根源の意味が開顕されぬ。生の絶対肯定は、恒に生の絶対否定と一つだから。

○日本陸軍がいかに独善的で視野が狭かったか――それが破滅の戦争に導いたのだ。

○喜劇役者は〝終り〟がよくないと聞いたことがある。さもありなん。空虚な笑いを売っているから。国民をだましつづける。

○マスコミは国民大衆を人質にとった言葉の暴力ではないか。彼らの「正義づら」のなかから根元悪の瘴気が、立ち昇る。

倫理・道徳

○ 倫理道徳は、本質的に本願に基づくと思う。「化身土巻」も浄土真実の展開にほかならぬ。「理想主義的生き方は念仏への大きな導きである」（西本誠哉先生）。

○ 現代人に欠落しているのは、倫理だ。だから宗教への接点すら見出せない。それが淫祠邪教の温床になる。真而目《まじめ》（至心）が倫理――宗教を貫流する。

科学技術

○科学は主体性の真理に基づく。ニヒリズムにおいて主体性が非真理となる。ニヒリズムは名号のさや、さやが割れて豆がとび出すように、ニヒリズムが割れて名号が現れる。

○核兵器――そのもとに国のエゴイズム・権力欲がある。人類は、人類の所業によって滅びゆくだろう。核抑止力とは幻想にすぎぬ。科学は人類の滅亡を早める。

○核兵器の問題はどうにもならぬ。廃絶は夢のまた夢だ。

○「科学は人間の精神的要求に何一つとして答えられない」（東昇）。

○科学技術が、大国間の権力闘争の場となっている。人工衛星に象徴されるように、宇宙すらもそれから無縁ではない。

○技術をつくるのも使うのも人間だから、すべては人間の問題に帰着する。いま話題のＡＩもそうだ。ＡＩにふりまわされてはいかん。ＡＩは人間から思考を奪うだろう。

○緊急の問い――科学とは何か。

○科学は計算のみを知って、〝思考〟を知らぬ。

○脳科学者は、宗教も脳の所産と考えるだろう。彼は我見・身見を知らないから。

○科学は分析と綜合につきる。科学的知は分析知。般若智は、科学のなかに入って来ない。仏教は科学から絶対の深淵を介する。

○〝自殺について〟（二三・八・三〇、専門家のNHK放送があった）。彼は自殺を社会的平面からしか考えていない。本願のかかった〝いのち〟、恣意的に左右すべきでないのだ。自殺は罪である。

○AIは人間の思考能力を奪うだろう。「考える人（Denker）」が育たなくなる。技術と人間との関係が逆転、人間が技術によって支配される。

○科学技術が無制約的にまかり通る時代は、神なき世界だ。神なき世をどう生きるか。

○科学は人類の滅亡を早める。その象徴が原爆だ。

○科学も「主観－客観－関係」において成立するが、客観を物質と執し主観を忘れている。科学には唯物論への傾きがある。

○科学では主体性の問題がどうしても解けない。

○「一念の妄心によりて、生死界に入りしよりこのかた、無明の病に盲ひられて久しく本覚の道を忘れたり」（七祖　一〇四九）。そういう「自己」を脳科学者は夢にもしらぬ。

○ＡＩは人類の生存を脅かすかも知れぬ。

○科学は本質的に反宗教的。科学は計算。しかし計算できないものこそ問題なのだ。

○脳科学者は、自己が自己に執するという我執構造の視圏のもとにある。彼は「身心脱落　脱落身心」を夢にも知らぬから。

○技術も国家権力のもとに立つ。例えば月面着陸もそれにおける競争のもとにある。

○温暖化・異常気象等は、人間の地球への攻撃に対する地球の反作用だ。

○脳科学者は、何もかも脳から説明しようとする。彼らは「脱自　身心脱落」を夢にも知らぬ。

家庭

○人間の愛情は悲しい。それは無常の上に立っているから。「愛別離苦」。

○夫婦は上下関係でなく、信頼関係に成立する。

○一家に主婦が二人おるのはよくない。どうしても主導権争いとなる。嫁姑の問題がそれだ。古くて新しい問題。

○親になるとは、自覚的に苦悩を引き受けるということであろう。愛には苦悩という深い裂け目を蔵する。

○親の反対する結婚は、百発百中よくない。

○女は男次第と言うが、逆に男は女次第とも言える。それほど結婚は重い。

○聖人の家庭生活の背後には、本願への絶対信頼がある。「悲しきかな愚禿鸞、愛欲の広海に沈没し……」(二六六)は、きわめて創造的な、つまり本願からの発言である。

○「たらちねの庭のおしえは狭けれど広き世に立つもといとはなる」。

○仏の慈悲とこの世の親の愛とは、絶対に異質的である。「妻は輪回の仲だち、子は三界の首かせ」。

○まことの親ならば、息子の結婚についても悪いことは悪いと言うだろう。

○無始流転の私が如来の胸に映り矜哀《こうあい》をまわった。

○女は男によるとも言えるし、男は女によるとも言える。夫婦はそれほど深く関係し合うのだ。

○結婚についても、何よりも大事なことは、親は息子や娘たちの自主性を尊重し、短兵急にかまいすぎないことである。

○夫婦愛というも自己愛だ。それぞれ自分が可愛いから愛し合う。いよいよ真実のない私。

「自妻をば厭ひ憎みて、ひそかにみだりに入出す」（六六）。

○戀愛は仏道修行の大敵だ。

○性欲の問題に悪戦苦闘を重ねた。しかしどうすることもできなかった。聖人のお言葉を仰ぐ。「悲しきかな愚禿鸞、愛欲の広海に沈没し、名利の大山に迷惑して……」（二六六）。

○家庭をもつ女性が妻子ある男とかけ落ちした。性の深淵。

○人と人との間は、どうして本当につながるのか。夫婦の間でも道はないのに。

○〝食べる〟ということは〝恵み〟。それはつねに自己のあり方を問う。〝一粒の米〟が、生の根源を問う。

○親子の愛情も我執を脱しない。如来の悲心とは違う。

○僕は安定した愛情空間に育っていないから、遠慮しいの性格だ。

○血ゆえに愛し合い、血ゆえに憎み合う。血は愛憎とからみ合う。（中国在留孤児が、肉親を求めたのは、血の肯定面であろう。一緒に住めば、会わないでよかったと思うかもしれぬ。離れているからこそ、お互いに引き合うのだ）。

○フリーセックスは人間における動物性の解放、人間が犬や猫になることだろう。

○この頃（一九九三、四、二）機執もさることながら、法執の強さということをしみじみ思う。それが同行への執着となり、権力構造に発展しかねない。

○人によく思われたい嫌われたくないというのも、煩悩だ。他人に投射された自己顕示欲だと思う。本当に独り立ちしているようでしていない。

○勝他心は、どうにもならぬ。深い煩悩だ。「法師には三つの髻《もとどり》あり。いはゆる勝他・利養・名聞これなり」（八八九）。

○後悔は煩悩だ。この頃、いよいよ何もわからぬということが身に沁みる。人間の知見で宗教的世界へ思惟し入ることができぬ。煩悩は身心を悩ます。

○私の無明・悪業・煩悩は如来と逆対応、底なしの闇と言える。いわば世界大の毒蛇が、如来と生きるか死ぬかの闘いを続けている（私たちは煩悩を体のなかに閉じこめられた小さなもののように妄想しているが）。

○嫉妬ほど恐ろしいものはない。殺人のもとにも嫉妬と怨みがあろう。

○さきに自殺願望があって、他人を巻き添えにするが出て来る。（市川猿之助、父と母をまき添えにした）。

○女遊びが実存的になったのが〝色道修行〟である（週間誌にそのような題の小説があったように思う）。修行である以上、修行した人は、しない人よりも、何かよいものをもっているのだろうか。そのようなことを聞くと〝その前に修行してみよ〟と答えるかもしれぬが。

○ 煩悩は身心を悩ます。煩悩に障えられないのが念仏の一門だ。

○ 仏陀の光は、愛欲に対して少なくとも否定的（negativ）に響く。愛欲の世界に入る、それこそ業であるけれども。真宗は在家仏教。如来の家のなかで愛欲生活が営まれるが、そこに慚愢ということがなければならない。「まことに知んぬ、悲しきかな愚禿鸞、愛欲の広海に沈没し、名利の太山に迷惑して、定聚の数に入ることを喜ばず、真証の証に近づくことを快しまざることを、恥ずべし傷むべしと」（二六六）。「煩悩即菩提」は、愛欲に対する否定、しかも絶対否定でなかろうか。否定即肯定的に、愛欲が転ぜしめられる（愛欲が慈悲になる）。「即」における否定性を忘れるならば、たいへんな惰落である。愛欲の直接肯定は、仏教でも何でもない、あきらかに外道であろう。

○ 例えば、性欲の問題について。青年時代大きな苦しみである。しかし、苦しんでいる間はよい。何らかのかたちで、コントロールが働いている。フリーセックスというようなかたちで苦しみが解放される。〝何をか言わんや〟である。

○ 第八識が六根・六塵に挙縁し、それをまとめていると思う。

○悪の根は「絶望説詛」だと思う。爆発する個々の行為ではなく、いつまでも続く陰しつな情念、噴怒だ。

○感情・執念は、理性から来るのではない。もっと深いところに根をもっているように思われる。理屈ではわかっていてもどうしてもやめられないということが、いくらでもある。

○勝他心というも大きな煩悩だと思う。凡夫が勝負事を好む理由はここにある。

○〝ありとあらゆる思い〟が起って来る。特に年寄ると気の進まないことが多い。しかし、気分に従っているとますます落ちこむのみで何も出来ないから、ともかくやるだけのことはやることが肝要だ。

○精神病というのは薬の届かぬ領域であるというのは本当だ。一般的に人間の深い感情・煩悩は決して物質によってコントロール出来ない。

○理性と煩悩とは違う。理性は勉強を意志しても、煩悩が執拗にそれにからみつき勉強を妨げる。煩悩が理性とも倶起する。パウロの嘆きも結局はこれだろう。

○我性（勝他心）の克服というようなことは出来ることではない。もし、出来るとすれば、出来ないということに、徹底するほかにはない。功名心と嫉妬心に苦しめられる。

○苦みは自作自受、自分が自分を苦めるのだ。――女への深い執着。愛欲は苦しみの根源である。

○業現定するのは、善悪の問題であろう。善でも悪でもないものは無記と言われるが、学問は無記。真面目であればあるほど善悪の問題に苦しむ。

○〝愚痴をこぼす〟のは、わが身の〝業〟ということを聞いていないから、〝業〟を〝業〟として引き受けていないからである。業を聞くということ、宿業の自覚は、いわゆる「機の深信」である。だから、信心が徹底すれば、愚痴のなかから念仏に立ちかえる。それが「機の深信」であり、また、そうでなければならぬ。

○愛とはもともと計算できないもの。しかし心理学は、それを合理化しようとする。心理学で愛がわからぬ理由。

○男の嫉妬は、女のそれよりもすごいと言っている人があった。それは当っていると思う。女は化粧するから、ごま化す余裕がある。男にはそれがないからモロに出る。既婚夫人の約半数は不倫を肯定し、それぐらいのことで離婚されてはたまらぬと思っている。それに対して未婚の女性は、夜遊びも不倫もよくないという人が多数を占める。結婚を理想化して、タテマエを述べているのである。

○愛着と増悪は同根。愛着が深いほど憎悪も深い。

○人間の暗い闇がいかに性的なものとからみ合っているかということは、犯罪を見ればあきらか。例えば、奈良県月ヶ瀬村の中学生事件。アメリカの美少女殺害事件。「失楽園」が大ヒットしている。夫との平凡な家庭生活に満たされないものを感じているのだろう。如何に不倫願望が強いかということだ。

○　仏が邪淫を制したもうたのは、深い意味がある。本能・欲望の無軌道な解放によって幸福になれるはずがない。単なる遊びでもなければまして享楽ではない。特定の二人の間における性生活の開始としての結婚式を、たいそうたててやるということの意味もここにある。それをば、単なる儀式あるいは形式として軽視、あるいは無視する（つまりいわゆる婚前交渉）のは、賛成することができない。

○　〝二者択一〟において、どちらにも決められず迷う——それは苦しみだ。

○　勝他心は大きな煩悩だと思う。大衆がスポーツに熱中する背後にそれがあろう。代理戦争をするわけだ。

○　苦しみの根源は、自己主張の抑圧・万事思うようにならないということにある。

○　人間ほど勝手な動物はない。結局のところ自分のことしか考えない。愛し合った男女も都合が悪くなって別れてしまえば、微塵の同情もないだけではなく憎しみ合う。そうなれば金だ。

○愛憎は表裏する。愛が深ければ深いほどひるがえせば憎が深い「愛憎違順することは高峯岳山にことならず（六〇一）」。

○人を責めれば責めるほど、わが身が苦しくなる。

○無為従食　罪満弥天。

○食や性の満足はすぐに飽く。過度になると嫌悪感すらおぼえる。それにもかかわらず、同じことを繰り返す。

○疑心暗鬼とは良く言ってある——お化けが出てくる。

○「陰気くさい」という表現がある。ただ陰気だと言うだけではなしに、くさいということにも意味がある。それは文字通り煩悩の習気がするからである。また、香光荘厳という言葉もあるように、仏様には仏様の香宝がある。毒気を周囲にまき散らしている。そういう場、それはやはり煩悩の場であろう。つまり「陰気くささ」は、周囲の人をも暗くさせるのである。（信心ということがないと、本当の明るさは出て来ない。明るい人、暗い人という性格もあるかもしれないけれど）。

○

凡夫の悪業は、すべてのものを殺す毒気。才市が、そのようなことを言っている。

○

性を生き方の問題（実存）としてとらえる。性だけが快楽の手段として切り離されてあるのでなく。全体としての自己において現われている。そういう当然すぎるほど当然な視点が欠落し、コンドームの使用というような技術的な問題に矮少化されている。

○

機は「機発の義」とは、よく言ってある。煩悩は因縁が和合しておこる。だから、「さるべき業縁のもよほさば、いかなるふるまいもすべし」（八四四）と言われたのだ。

○

他人を刺した毒は、刺された人よりも刺した本人にまわって来て、屍毒となる。

○

勝ちたい・負けたくないという勝他心は、生命《いのち》をも横切る。

愛欲

○人間の愛は無常のうえに成立している。虚無は愛を呑み尽くす。

○臭《くさ》いというのは不満の呪いだ。だから共産主義のもとにあるのも、統一原理のもとにあるのも呪詛である。呪いがイデオロギーの面をかぶっているだけだ。

○ここまで金が大きな力をもっているとは、うかつにして知らなんだ（今まで、金もうけしなくてもよい仕事をして来たから）。

○金への執着は貧富を問わぬ。いずれも根本悪の現れにほかならぬ。

○人の不幸を見てよろこぶ（Schadenfreude）のなかに嫉妬（Eifersucht）がある。キルケゴール的に言えば、不幸なる自己主張。他者が落ちることによって、相対的に自己が上る。そこに倒錯した慶びがある。

○売春婦と性行為したからという理由で、彼女と正式に結婚せねばならぬと思う男はないであろう。仏法に耳を傾けない筈だ。彼女の方もそうだ。金でカタがついている。今の女子大生や、ＯＬも金銭のやりとりはともかくとして、愛人バンクに登録したり国会議員のメカケになったりして、金品を貰っているのもいる。結婚という枠のなかで性交渉を考えてはいない。男女ともずいぶん、自由に考えているようだ。いわゆる野合だ。貞操観は過去のものとなった。その点から言えば売春婦も同じだ。

○ある人曰く「嫌いな人は好きになれぬ」。

○私から愛慾と名利を取り去れば何も残らぬ。したがって聖人の「悲しきかな」（二六六）は、人間・自己存在そのものが悲しみであることをいう。

○恋は仏道修行の大敵だ。

○女を思う気持ちがカケラでもある間は、絶対に仏法は聞けぬ。

○「かやを出てまた障子あり夏の月」という句がある。すかっと一度に煩悩がなくなって、きれいさっぱりとカタがつくわけではない。我執の闇は死ぬまで残る。自力執心の深さをいよいよ痛切に感じる今日この頃である。

罪業

○いわゆる〝死にざま〟とは、業の現れに相違あるまい。しかし業そのものは目につかないところに、かくれている。徹底的に問題とすべきは、まさにそこだ。

○阪神大震災、追悼式典。八年前のことを思い出して遺族が泣いている。悲しみは時を貫いて残る。深く「業羅網」（七二）でしばりつけられているのだ。

○罪の根源は超時間的な行為として、時間のなかに求められないことは確かである。このことは生死流転の場が、いわゆる時間ではないことを意味するであろう。

○偶然というものは、どうしてもわからぬ。また、わからぬから偶然。宿業とか業縁とかはそれを言うのだ。

○悪しき行為（例えば学生のカンニング）が、本人はしらないけれども、周囲の人々に迷惑を及ぼしている。行為というものは、決して自分だけにはとどまらない。一度なされてしまったならば、自分の手のとどかないところに行ってしまう。そういうことの可能根拠が、業の世界というものだ。

○「無辺の極濁悪」（二〇七）、罪の脱自構造を説く。罪は自力のはからいではわからぬ。無辺光に直射されて「無辺の極濁悪」を信知せしめられる。

○実体的な殺人というようなものはない。もしも、そのようなものがあれば、罪業を転ずるというようなことは不可能だ。「大王、……殺もまたかくのごとし、凡夫は実と謂へり、諸仏世尊はそれ実にあらずと知ろしめせり」（二八四）。

○スポーツ、映画、パチンコ、マージャン、ヌード等に潮のように集まって、虚無を幣いかくそうとしている。それは逆に益々深く虚無に捉えられ、虚無に浸透されていることにほかならない。かくて現代人は益々強烈な刺激を求めるようになる。普通の刺激では神経が麻痺しているからである。そして如何なる享楽も遊戯もまるで興味がなくなった白々とした荒野に、生は根本的な無意味さとを露呈し、虚無はその底無き深淵を現わす。生が根本的に破綻する。自殺はこの自己破綻にほかならぬ。虚無を克服する唯一の道は、宗教あるのみ。宗教は虚無から逃げるのでなく、虚無に正面から直面することによってこれを克える。

○根本悪のリィアリティを抜き去るかたちで如来に対してはならぬ。それはどこまでも貫かれねばならぬ。いいかげんなところで妥協するから、何もかも混乱するのだ。

○虚無を受け入れるということは何処から来るのか。——言うまでもなく浄土から。浄土が到来している、光が既に娑婆に来ているということであろう。地獄を引き受ける——浄土の到来。

○あらゆる恐ろしいものを受け入れる——業を業として受ける。

○この世のあらゆる労苦のなかには、虚無を被いかくすという意味があろう。

○同じ一つの業、先業が流れている。双子は遺伝的に同じ体をもつという。（ぎんさんは、きんさんが死んだときに、身体は何ともないのに、異常な苦痛をおぼえたという。身体が業から出来ているということだ）。

煩悩

○〝可愛い〟というも煩悩、大きな煩悩である。聖人も「愛欲の広海」（二六六）と言っておられる。

○今朝のテレビ（九一・一二・二二）によると、クリスマスが近くなってホテルは若い男女によって満員だという。キリスト誕生の祝祭が、若い男女の性の祭典と化している。ある女性は、テレビのインタビューに対してスイートな夜を過したいと答えていた。キリスト教の国のある外人たちは、この現象に対し腹をたてていた。日本人にいかに宗教性が欠落しているかの証拠だ。

○食欲とか性欲とかは自我の質料に関係するに対し、名誉欲のみは深く形式に関係する。名誉欲が年とともに哀えない理由がここにある。名利は一生の迷い。

○恋愛もののドラマを見ると感傷的になる。この気分はどうもよくない。一般的に甘い文学作品はよくないと思う。

○身口意の三業は、反復されるごとに勢位をたかめる。だから、信前信後を問わず悪業は慎まねばならぬ。

○「……倒見して和合僧を破する、これ虚誑語なり」(三〇五)。〃妄語(うそ)〃は、大きな罪だ。

○邪淫は畜生道だ。色情の狂いから来る家庭崩壊は、いたるところで見られる。そのような家庭は、もはや人間の家庭ではない。

○「凡夫というは、無明煩悩われらが身にみちみちて、……臨終の一念にいたるまで、とどまらずきえず、たえず……」(六九三)。妄念煩悩は生じては滅び、滅びては生ずる。しかしそのもとは変らぬ。川の水は流れるが、全体としては同じ川のように。

○世界中の未知の資源がナショナリズムの跳梁にさらされている。

○九十才ぐらいになるとたいていの人は、多かれ少かれ呆ける。しかし煩悩はぼけない。その証拠に金をとられたとか財布がないとか、被害妄想、大騒ぎする。煩悩は無始以来に根をもっているから。健常人は常識というヴェールで恥部をかくしているが、年よると生地がむき出しになる。

○日夜に断えない煩悩のほかに現実というものはない。それが流転輪廻ということだ。

○煩悩は、それ自体実体のないものだ。幻化の法。

○すべきではないことが、よくよくわかっている。しかしそれをする。自分の心の底にそれを欲しているものがある。不自由を欲し苦しみを欲し破滅を欲しているものがある。悪魔のささやきだ。

○愛着の対象を失いやせぬかと一層強く握りしめる。そのことによって、求心的に自己の巣に帰る。それが憂愁にほかならぬ。憂愁は煩悩だ。

○阿頼耶識を執する——それがマナ識だろう。つまり、六識が我執の闇にくるまれて現れる。阿頼耶識を如来蔵に転ずる——それが信心だ。

○中絶によって、子供を産めない体になることがあるという。子供を殺す刃が、そのまま母にはね反ったのだ。母になれないということが女の否定とするならば、堕胎のメスは両者を切る両刃である。因果歴然。

○戀愛ほど私の弱さを感じさせるものはない。仏道にも勉強にも最大の敵。しかも理性のコントロールを絶する。

○老看雙眼色
不語似無憂

○母の母よ、あなたはどのようにして私の母を産んだでしょうか。青竹を握り　あぶら汗を流し座産の陣痛の悲鳴の中でよろこびに狂気して母を産んだにちがいない……ゆくりなく今日幼い命をかかへて帰るあめのなかに人の世のすざましい思愛のなげきを思うのだ（小林俊二）。

○苦しみのもとは愛執。だから、愛するものが病気にでもなると苦しむ。それは自分がつらいから。同時に、愛欲はまた凡夫の喜びのもとでもあるが、本当は相手を愛しているのではなく、自分を愛しているからだ。

○欲（名誉欲・財欲・色欲）のために失敗する。欲のために目が見えなくなるのだ。

○〝勝他心〟（負けたくない、勝ちたい）というのは、大きな煩悩だ。小さくは家庭・近隣の争いから、大にしては国家間の戦争にいたるまで、これがある。高僧方は〝勝他心〟を捨てられた。

○たとえば〝見たり聞いたり〟するということも、アラヤ識の場で起っているように考えられる。単純に生理的な現象でなく、そこに好悪の情念がかみ合っている。

○性行為ということを考えても女に触れるというかたちで自己に触れる。自己満足というところがある。そこがなければ「悲しき哉。……愛慾の広海に沈没し」（二六六）がわからぬ。

○「隔生即忘」という言葉がある。〝脳みそ〟が灰になるのだ。人生のどんな記憶が残るだろうか。しかし、業は残る。業は焼いても焼けない、埋んでも灰にはならぬ。

○　男の求めるものは、名を金と女だ。女は良き男を得れば、名も金も一挙に手に入る。女は男を通して名を金を求めようとする。結婚に目をギラギラさせるのはこの理由による。「男はつらいよ」。

○　恋は盲目とはよく言ってある。男女ともに当事者は客観的な目を失う。

○　性行為（情交）というのは、やはり特別な関係だ。これがあるかないかということで、女も変るし男も変る。男女のなかが決定的に違って来る。法の裁きの場合でも重要なポイントだろう。だから最後の一線を踏み越えるというのだ。

○　愛は、悲恋なるがゆえにいつまでも人のこころを打つ（得恋すれば平凡な日常性のなかで愛は瓦解する）。人間の愛はエゴを秘めているから。センチメンタルな悲劇性は、人を空漠としたところに解消させる。それは精神的健康ではないが、それにしても解消は解消であろう。

○昔、恐龍の雄たちが、雌をめぐって死闘をしたという。勝ったものが、雌を独占しハーレムを作った。その他の野性の猛獣たちにも同じようなことが見られる。そういう血が、人類にまで流れているように思う。

○ある女を自分のものにしたとする。それは大変な借りだ。情が移ってどんなことをしても彼女のためにしてやりたいという気になるだろう（二人だけの秘密として）。しかし、それは本当の親切ではないということだけは、あきらかである。と同時に、他人に渡したくないという独占欲。そこから、社会に背を向けて、二人だけの世界に孤立してゆく。お互いに縛り合って、行く先は破滅だ。だから、道ならぬ恋は二人とも駄目にする。

○今度の北海道豊浜トンネルの事故（九六・二・一七）も、世間は「運」「不運」ということで片づけようとする。しかし、それで済まないから困るのだ。そこを解明することが何よりも肝要。それが業ということだ。

○業は何処へ逃げても、どこまでもついて来る。髪の毛一筋でも、私の業が切れずに残っている間は迷う。「地獄一定」とは、私が私の責任を引き受けた、否、引き受けさせられたところだ。（業が清浄にならないと安心が出来ぬ）。

○　犯罪を通して人間を見ていますが、どんな人でも、頭に血がのぼったら、何をするかわからないというのが、いつわらぬ実感です。

○　しかし喜びや悲しみに本気で取りくまないような考え方は、消極的、悲しいと思う。間を置くということは、逃げることではない受け入れることだ。

○　どうにもならない怒りが心のなかにあったとする。そうすると我にはどうすることもできず、怒の感情が体中に満ちあふれ外にもれてしまう。

○　あとあじの良し悪しを言うのは、普通の意味での快楽説ではない。私たちは快楽を求めて苦痛を受けているのではない。

○　私は戀愛する資格はない。何故ならば、戀愛とは結婚を前提するゆえに。

○性交渉があっても恋のない時代だ。

○恋というのも、本当は耐えに耐えたほうが、いっそうポテンツを高め魅力的である。たとえば、漱石の〝こころ〟などを読むと、読者に早く（戀を）「打ち明ければよいのに」といらいらさせ、それが一層強く読者を引っぱってゆく。今のように、すぐにくっついたり離れたりするのは、肉欲ではあっても恋ではなかろう。

○この世は業の展開の場だ。それがそのまま本願の働く場所である。

○虚無の時を生きている。それが退屈だ。

○人を〝憎む恨む〟は心を濁ごす。煩悩は身心を悩ます。「五濁悪時」（二〇三）とはそれなのだ。

○聖人が「煩悩見足の凡夫」（八五三）と仰せになった。煩悩の出どころ、何処から煩悩が来るのかというその何処を聞かせてもらわねばならぬ。それは意識の立場ではない。念仏はその〝出どころ〟に届く。

○名誉欲――馬鹿にされたくない尊敬されたい――は、想像以上に強い。私の最も深いところわれありの根源、我執・我慢と結びついている。

○過んだことは、美化されるようだ。追憶のなかにのみ残って、わずらわしい現実の抵抗がないからだろう。現在はまぎれもなく帰無の道・滅びの道を辿っているから、昔のことがよくなるのだ。追憶は虚無からの逃避だ。「追憶は女々しい期待はみだらだ。反復こそ男だ」（キルケゴール）。

○「二河おのおの濶さ百歩、おのおの深くして底なし……」（二一三）。虚無の深淵。

○「酒と男におぼれるのは、淋しくてたまらぬからだ」（自殺未遂をおこしたある歌手の言葉）。

○煩悩に違いなかろうが、時々心が張りつめた氷に閉ざされたような状態になるときがある。

○ 感性に罪がないことはたしかである。本当の敵はどこにあるか。

○ 娑婆には本当におもしろいもの、人生の全体をかけるに足るようなものはない。

○ 三業に根元悪の瘴気が吹き上げる。

○ 「誰でもよかった人を殺したかった」――最近の事件。警官二人を含む四人殺害。絶望呪咀、悪魔の深淵を見る。「さるべき業縁のもよほさば、いかなるふるまいをもすべし」(八四四)。

○ 職場で女に手を出すと、公私の区別がつかなくなる。情愛が目を冥まし、すべてを引っぱってゆくのだ。だから、愈々となると、女の方が強い。男は見栄や地位を失いたくないということから、逃げようとするだろう。女は利用されただけとなる。「ケネディ大統領兄弟と、マリリンモンロー」。モンロー曰く、「私は、兄弟に利用された」。終着点は辞表の提出、女の名のために会社を辞めねばならなくなる。げに〝色気〟ほど恐いものはない。女のために失敗した人は、星の数ほど多い。

○女も男と同様であると思う（そうでなければ、種がいままで続かない）。ただ、女は一見つんとすまして、男の言い寄るのを待っているだけだ。不倫願望であるが男が女を求めるように、女が男を求めているということは、いささかも異なるところがない。

○極道者には極道者としてのプライドがあろう。妻以外の女を知らぬ酒も飲めぬものを軽蔑している。「極道するだけの甲斐性もない」という言葉もあるから、一応の論理だろう。小心の真面目ものは、面白くないことは確かだ。

○性交渉においても相手にも自己にも本当に触れていない。それはやはり虚妄の関係であるからだ。

○ＮＨＫ土曜インタビュー、「藤間紫八十一歳の大舞台・女の幸せ猿之助」を見る（〇四・九・二五）。
彼女は日本舞踊の名人らしい。舞踊への打ちこみようは、火事にあって逃げるときにも演技を考えたという（事実、やけどをしたらしい）。ところが、彼女が七十六才のとき市川猿之助と再婚した。で、猿之助が興行中脳梗塞で倒れ入院したとき、それほど入れこんだ舞踊を忘れ、それを捨ててもよいと思ったらしい。愛する人の看病に、新しい人生を見つけたという。彼女の言葉に「今この瞬間が女の幸せ」。これを聞いて、女の愛欲の深さ（男もそうかもしれないが）、女の業、人間の深い闇をつくづく思わされた。芸よりも愛慾が深いわけだ。「人、世間愛欲のなかにありて、独り生れ独り死し、独り去り独り来る」（五六）。愛欲が生死流転の場だ。

○　あらゆる犯罪のもとに恨み（Rache）があると思う。誰もがひそかに恨みを抱いて生きている。彼らの生そのものに恨みが深く組みこまれている。そのことが「さるべき業縁のもよほせば、いかなるふるまいもすべし」（八四四）ということ、何人にも犯罪の可能性が潜んでいるということであろう（福井市で爆弾を作った男は、高校時代の復讐をしたかったのだ、と言っている）。

○　腹立ちがきついのは、慈悲心がないからだ。年をとるといっそう根性が悪くなるように思う。腹を立てると顔が険しくなる。

○　「煩悩具足の凡夫、火宅無常の世界」（八五三－八五四）、この一語は世間というものを見事に言い当てている。聖人はただびとではない。「煩悩具足の凡夫」が先に来ていることに注目すべきだろう。自己の問題が軸になっているのだ。

○
罪は時を貫いて生きている。

○
勝負事は地獄の世界。だが、凡夫は勝負事が好きだ。

○
アル中の患者は酒が切れると酒を求めんとおられぬように、悪魔は悪毒を飲まないと不安でたまらなくなる。そして悪毒が一身に廻って来れば来るほど、いっそう強い悪毒を求めるようになる。その循環のなかで、悪魔は身を滅ぼす。（キルケゴールは、それについて、鋭い考察をしている）。

○
「煩悩を断ぜずして涅槃を得」（三一一）。煩悩のリアリティが抜ける。距離なきところに開かれた距離。

○
煩悩を〝結〟ともいう。言い得て妙。自己主張（我執）が、つねに何らかのこだわり結ばれる対象を求めてそこに像をつくる。その反対が「應無所住而生其心」。

○

自体愛と境界愛は同じ一つの愛の現れ。愛欲が主体も環境も一つにまとめる。そういう深い愛欲において自己もものも化作される。しかし、愈々となれば自体愛に収斂するだろう。

○

煩悩は起こりずめである。しかし、それをどうしようと力んではならぬ。つまり、相手になってはいけない。煩悩の真相を見せていただくのだ。「妄念妄執のこころのおこるをもとどめよというにもあらず（一〇八六）」。

○

煩悩の草は一本も引き抜くことができぬ。絶対の逆説としてそこに落着。

○

人間の深い本質は、〝憎悪・呪咀〟だと思う。それが凡夫のいのちだ。嫌いなプロ野球への思いにもそれがある。

○

たとえば、食欲も性欲も睡眠欲も大脳辺縁系にあるとされている場合、たとえば仏教で五欲が罪・三毒五欲の凡夫と言われるとき、どれだけのリアリティをもつのか。徹底的に解明される必要がある。

○「たわむれに戀はすまじ」。いよいよとなれば、男はビビるが女は強い。

○嫉妬のもとに、自他を隔てるこころ比較がある、分別だ。嫉妬心は誰もがもち、またそれによって不幸であるが、いかに根が深いか、これによってもあきらかであろう。

○いらいら・くよくよがどうも煩悩の大もとのような気がする。

○男の立場から言えば、惚れてしまえば男の負けだ。

○「さるべき業縁のもよほさば、いかなるふるまいもすべし」（八四四）。動機をふくめて全体の立場。

○名利は虚しいものだ。

○あらゆる罪が如来に対するというのは、「一念の妄心」（七祖、一〇四九）が真如と関係する場で生起したからである。

○嫉妬の根源・本質は何だろうか。比較だ。

○「暴流」（二二五五）としての時のあり方は、三界・六道を貫くだろう。そういうあり方の根本に、無明・業があると思う。流転・輪廻とはそういうことだ。

○過去の煩悩の火は、決して消えない。火ダネが残っている。それが現在の縁をまって激しく燃え上る。過去は単に帰無ではない。貪欲についてもそうだし、瞋恚についてもそうだ。煩悩ということのなかにはその意味で過去・現在・未来を結ぶものがある。

○執着は凡夫のいのちであるが、それは同時に苦しみのもとだ。

○腹を立てつづけると、きっと早く老いるだろう。

○煩悩に順境と逆境が関係する。順境には愛著し、逆境には嫌悪する。好き嫌いはここから来る。居は気を移すとか、気は境に従って転ずるとかは、これを言うのであろう。

○名利（名誉欲・財欲）は虚しい。名利を離れてこそ独立自在、無我の主体性。

○誰もが名利のために道を誤まる。

○勇気を与える与えられる——勇気のやり取りをしなければ生きていけないようなたよりない生を生きているのか。

○良いかっこうをしたいというのは煩悩。しかしそういう自分を飾ろうとする心から命を落とす場合がある。ある俳優は、救急車を呼ぶときになって「サイレンを鳴らさずに来てくれ」と妻に頼んだという。無意識にそのように指示したという。死んでもよいから、ぶざまな真似はしたくないというのだろう。そこに自縄自縛という流転の業因を見る。人間がいかに裸になり難いか、否、不可能かということだ。「機の深信」とは裸になることをいう。

○酒・女・魔薬・バクチ——それらのもとには虚無が考えられる。淋しさに耐えられないから、それらに溺れるのだ。精神性を麻痺させねばとてもやりきれるものではない。そのかぎり合理的・理性的に根絶できぬ。根本的な解決は超越を要求する。

○女のカンは鋭い。女の強力な所有欲・独占欲はスッポンのように離れない。女はいよいよとなれば、〝すごい〟と思う。男にも責任があるが、まことに愛欲は女の業だ。

○いつまでも愛欲から逃れられぬ。それは環境が原因ではなく、自己から来る。「臨終捨命の夕」まで愛欲から離れられない。否、愛欲とともに死にゆく。「人、世間愛欲のなかにありて、独り生れ独り死し、独り去り独り来る」（五六）。

○「我」が凡夫のいのちの形式面、愛欲は「我」の資料面である。私たちは我執で生きている。我が折られるほどつらいことはない。しかし仏教に会うとは無我として我が折られることだ。

○一切の苦しみのもとは執着だと思う。執着と無常は深い関係があろう。

○たとえば、失恋したとする。今さらどうということはないが、しかし残り火が埋もれている、掻き廻わせば燃え出す。どうしようもない。そこに理性では割り切れないむつかしさがあろう。そこを問題としないような倫理学・哲学は具体性にかける。

○愛着を〝切る〟というのは、一方的でのみ切れる。相談するのと違う。しかし、それは凡夫の力でできることではない。

○愛と憎は、同じところに根をもつ。「無明煩悩」（六〇一）に。

○たわむれに戀はすまじ。戀ほど苦しく、また何も得られないものはない。勉強・学問の大敵だ。

○権力欲が男の業であるように、愛欲は女の業である。恩愛は単に人間の力によって切れるわけはない。

○不倫の戀で離れるのがよい男女が、くっついている。縁結びの神もあれば、縁切りの神もある。

○「妄念はもとより凡夫の地体なり。妄念のほかに別に心はなきなり」(一四二五)。

○ドストエフスキィの言うように、権力欲は屍毒(呑めば必ず死ぬ毒)だ。プーチンを見よ、習近平を見よ。

○「さるべき業縁のもよほさば、いかなるるふまひもすべし」(八四四)。娑婆は何がおこるかわからぬところだ。聖人が毎日テレビに出ておられる。

○才市の言うように、凡夫の苦しみは〝いらいら〟と〝くよくよ〟である。それは持続的な〝腹立ち〟にまとめられる(爆発的ではないが、いつも燻ぶったような)。それは自己の閉鎖性、本願に向って開こうとしない「仏智疑惑心」である。

○邪見憍慢は邪見憍慢を知らぬ。それを邪見憍慢という。深い無知、無明だ。

○殺人事件の背景には、必ずといってよいほど情事がある。情事はそれほど人をとりこにする。

○「妄念はもとより凡夫の地体なり、妄念のほかに別に凡夫の心はなきなり」（一四二五）。雲のごとくに妄念・妄想が湧いて来る。妄念をはこんでたしかなものをつかもうとする。それが迷いだ。

○一人で山にでも入って生活するなら別だが、市民生活をしつつ独身を通すということは不可能だと思う。

○慾望は虚しい。満たされることによってそれが顕わになる。

○法に縛られながら煩悩があばれる。あるいは、縛られるからいっそうあばれる。

○「大地に寸土なし」（道元）を知らなければ所有の愛執を断てぬだろう。

○人によく見て貰いたいというのは煩悩だ。名誉欲はそこから来る。そして人間関係における苦しみのもと。「ただ仏恩の深きことを念うて、人倫の嘲りを恥じず」(四七三)。

○執着とは、流れ去って行くものを流れ去らしめたくないという感情だ。

○「決断に迷う、あるいは苦しむ」のは、自分の中で慾と慾とがぶっかって支配権をめぐって争うことだ。例えば、金が惜しいという慾と、よいかっこうをしたい人にケチと思われたくないという慾が、ぶっかる。

○好かれたい承認を得たいとは、大きな煩悩だ。

○このごろの男女交際は、はじめに性行為ありで始まるのだからどうにもならぬ。後に来るべきものが、先に来ている。

○「真宗宗歌」で「永遠《とは》の闇」という。何も客観的にそのような闇があるのではなく、虚妄分別をいう。つまり、現に闇のなかで生きているのだ。

○往相を離れて還相はなく、還相を離れて往相はない。往即還　還即往。

○「しかし、今ここでの救いの中にありながらも、そのお慈悲ひとすじにお任せできない、よろこべない私の愚かさ、煩悩の深さに悲嘆せざるを得ません」（二〇一三年本願寺手帳、五－六頁）。煩悩・悲嘆が創造的な意味に転じる。徹底即止場だ。本願寺は、そこまで見ているか。

○「まことに仏恩の深重なるを念じて、人倫の哢言を恥じず」（二〇九）。独立自存だ。それをふまえてのみ、御同行・御同朋の世界。

○「しかし、今ここでの救いの中にありながらも、そのお慈悲ひとすじにお任せできない、よろこべない私の愚かさ、煩悩の深さに悲嘆せざるを得ません」（本願寺手帖、二〇一三、五～六頁）。いわゆる〝機なげき〟、何の創造的局面も開かぬ。

○真宗学が現代に働きかけるためには、どうしてもニヒリズムを通り抜けなければならぬ。

○本願寺手帳「念仏者の生き方「そのまま」（五頁）には否定が入っていない。直接肯定だ。入っていないから、絶対肯定ではない。如実相・自然が露堂しない。「悲嘆」（六頁）のリィアリティをゆくところまで行かせる、つきつめるほかに〝自然〟の現成はない。観念的空転に終る。

○雑行雑修を雑行雑修と知る――それは雑行雑修ではない。

○「今ここでの救いの中にありながらも、……」（本願寺手帳　六頁）。――どうしてそれがわかるのか。

○男の秘密を自惚れとすれば、女の秘密は媚態である。男の業を権力とすれば、女の業は愛欲である。

○執着とは不自由をいう。それに縛られる。

○恨みほど恐いものはない。恨みが昂じて殺し合いもする。「恨みは恨みによってやむことはない、恨みは恨みと捨てることによってやむ」（法句経）は、まことだ。

○

自惚れほどこわいものはない。すべての失敗は欲と自惚れから来る。

○

夕暮れに何とも言えぬ気になる。悲しみは何処から来るのか。

○

ともかく起って来るこころは起って来るこころだから、このような悪いこころを起こしてはならないとか、もっとよいこころが起るはずだとか、〝あれやこれやともちかえるのが〟、いちばんいけない。

○

罪を三界・六道から見る。そこに罪が根をもつ。

○

『正信偈』に「邪見憍慢悪衆生」とある。悪魔の秘密は、まさにそれだ。そして悪魔は人の敬難を求める、他人がこわがりおそれるのが何よりの自慢なのである。典型的な例は〝ヤクザ〟。

○愛慾は苦しみの根源。愛を知るということから苦しみがはじまる。知る（wissen）ということには、深い執着が含まれそれと一つに現れる。

○〝不倫〟という言葉はまだよい。何故ならばそこに乱れた性交渉を〝乱れた〟ものとして見る〝倫〟（みちすぢ。道理）が働いているからだ。仏教の邪淫と同じだ。

○凡夫は命の次に金を愛する——本当だ。

○名誉は空しい。しかしそれを求める気持がやまない。

○小説「お登勢」は、きれいすぎる。愛する男を女主人にゆずるというような愛は、現実には存在しないだろう。

○「愛執において女は今生でまとわりつき、来生では仇となる」と説かれている。まことだ。だから古《いにしえ》の聖者たちは、女性を退けた。何も女性ばかりが悪いのではなく、男も同様だけれども。性の問題は、人間のいちばん深いところにかかわる。閉鎖的な教団に女性を入れて共同生活をすると、必ず性の問題で堕落する。

○愛が文学の永遠のテーマだというのは、いかにそれが人間に深く喰いこんでいるかということであろう。そこに深い迷いが現れている。「刀葉林地獄」が説かれるのは深い意味があろう。

○愛慾・名利の思いのない人はない。問題は、それをどのように見、どう対処するかということである。愛慾や名利を一度は、突っ放す視点が保持されなければならない。

○仏教から言えば愛慾は否定されるべきだ。涅槃は欲界から出離したところ。しかし人間は、性の本能をどうすることもできぬ。まさに欲界の業だ。それをふまえて本願が立てられた。本願において愛欲が愛欲のまま転じられる。

○人間の愛は、すべて自己愛だ。

○アダルトビデオ（AV）は、演技だ。いたずらに視聴者の性的興奮をたかめるために、演技しているにすぎぬ。大衆はそれを本気にして見たがる。

○恩師が言われたことであるが、「人間の嫉妬ほど恐ろしいものはない」。嫉妬ほどイヤラシイものはない。嫉妬は人の心を暗く悲しませる。この感情から無縁な人は、一人もいないであろう。

○金は愛よりも強し、金の切れ目が縁の切れ目。

○性の問題をどう考えるか。一生をつらめく切実な問題だ。

○少女においては性愛が二重にも三重にも覆れている。それが不安なのである。

○ポルノなどを見ると、人間の深淵を垣間見るような気がする。愛慾は、一時の迷いだとはとても言えぬ。名利と同様に、一生の迷いであろう。老人問題の研究家は、異口同音にこれを言う。身体は衰えるが、こころは枯れぬ。死んでもなくならぬ。「刀葉林地獄」（往生要集、八〇三－八〇四）。

○ 貪欲は流転の因。思うことがあまりにも恐ろしい。このまま愛執を胸に抱いて死んでいかねばならぬかと思うと、たまらぬ。

○ 「男は大脳で恋をし、女は子宮で恋をする」。恋愛とは恐ろしいものだ。

○ 仏道の邪魔をするもの——、愛慾にしくはない。〝生死する場は愛慾〟だ。

○ 暑い暑いと口ぐせのように無意識にでるのは、煩悩を相続している証拠だ。

○ 愛欲の制御は酒の禁断症状のようなものだ。愛する人にしばらくでも会わなかったら、不安でたまらなくなることがある。会っている間は満足するが、また不安になる。煩悩中毒だ。ちょうどアルコール中毒のように。それを有漏という、念仏のおしめでいつも如来様にしまつをしてもらっている。

○ 刑事犯には、たいてい金と色情がからんでいる。

○名誉欲・財欲――凡夫はそれを捨てられぬ。

○「後生」をぬきにすると、残るのは〝名利〟のみ。愛慾は一時の迷いだが〝名利〟は一生の迷いだ。

○差別は単に差別でなく、好き嫌いを含み情念を離れぬ。

○ハイデッガーは「良心」(Gewissen)と言うが、凡夫は〝いかり〟を相続していると思う。〝いかり〟と言うも、カンカンになってそれこそ頭から湯気が出るように〝憤怒する〟ことだけではなく、むしろ何かしらんが〝気にくわぬ〟といういわば内攻した隠れた〝いかり〟だ。年寄れば寄るほど隠れた〝いかり〟が、表面に出て来る。老人の顔が心からの笑いを忘れて、陰気くさくこわくなるのはこのゆえであろう。それはやはり〝いかり〟が成長することであろう。ちょうど、癌細胞が増殖するように。凡夫は、煩悩を成就しそれを相続している。

○如何なる欲望も自己目的々に直接肯定されるということはない。根本において空無化されている。

○煩悩の習気の薫習とは恐ろしい。人はみな、固定観念を核とした習気の薫習のなかに生きている。

○自己自身をほめてあげたい。自分が嫌で嫌でたらぬ。いずれも迷いの構造、自己が自己をとらえる迷いだ。

○末世の仏弟子は、まことに「邪見放逸」（六〇七）である。

○自己は如来から絶対の深淵を隔てる。「無明煩悩しげくして塵数のごとく遍満す」（六〇二）は、如来との逆対応を説く。

○物から煩悩を説明できるか。絶対にできぬ。唯物論者はこの自明なことわりを忘れている。

凡夫

○世間とは平均性（Durchschnittlichkeit）だ。凡夫は平均性に規定されて生きている。念仏者は例外者、平均性の外に出る。

○気ままな生活は、その底に深い虚無を開いて来る。「私が虚しさと、どうしようもない孤独感を味わって、今までの自由というものに疑いを持つようになるのに半年はかからなかった」（学生の答案）。

○〝女遊び〟ということが、生き甲斐になるということがある。妾の一人や二人は、男の甲斐性だと、言われた。

○伊藤唐善著『仏敵』を読む。人間における悪魔的方向・ニヒリズムが貫かれている。これを忘れて本ものは出て来ない。

○土地と家への執着を抱いて死んでゆく。死んでも執着はなくならぬ。

○凡夫が求めてやまないものは何か、金だ。金のためには何でもする。人殺しもする。金が凡夫のいのち、財布をはなすと急に惚けるらしい。

○凡夫が命の次に執着するのは金だ。「尊となく卑となく、貧となく富となく、少長・男女ともに銭財を憂ふ」（五四）。

○恨みが恨みを呼ぶ。何かしらむっとするものがわだかまって消えない。それが凡夫の腹底。

○凡夫は自己弁護しか知らぬ。自分の悪を決して認めようとはせぬ。

○凡夫は仏語を信ぜず自分の考えが正しいと思っている。

○「凡夫なればとて、なにごともおもふさまならば、ぬすみをもし、人をもころしなんどすべきかは。もとぬすみごころあらん人も、極楽をねがひ、念仏を申すほどのことになりなば、もとひがうたるこころをもおもひなほしてこそあるべきに、そのしるしもなからんひとびとに、悪くるしからずといふこと、ゆめゆめあるべからず候ふ」（八〇〇－八〇一）。距離なきところからひらかれた距離、本願寺手帳の「悲嘆」（六）と一異如何ん。

マスコミ

○「NHKしってるつもり、夏目雅子」を見る。彼女の早逝は美のはかなさと、愛欲の虚しさを天下に教えたのだ。滅びゆくものこそ美しい。

○女が結婚にふみ切る場合、〝ついて行ける、頼れる〟というような心情的保証がなければならいようだ。「自分がリードしなければならないような男はいやだと言う」。女はどれほどしっかりしているように見えても、やはり依属的である。結婚に対する期待の大きさは、弱さの裏返えしかもしれない。

○ジャーナリスト（新聞記者、テレビアナウンサー）は、偽善者だ。いたずらに正義づらをしている。彼らが批判的でなければならないのは、当然であるけれども。

○猫の雄も、雌をより好みするということがあるらしい。いわゆる好き嫌いが。モーションをかける雌を嫌い、逃げた〝めす〟を追うということがある。〝めす〟のほうからも、このことはあるだろう。動物は、思ったよりも人間に近いのではないか。「テレビ・ウオッチング」（八六・六・三）。

○ジャーナリストは偽善者だ。正義づらをせねばつとまらないし、それを正当化せねばならぬ。

○仕事とは言いながら、アダルトビデオ（AV）の出演者はえらいことをするものだ。衆人の前で（撮映されて、結局そういうことになっている）、性行為。それが金になっている。金のためには何でもするというか、考えさせられた。

○テレビ出演者の〝笑い〟には、自然さがない。つくり笑いだ。

○マスコミの宗教に対する悪影響は、否定することができない。

○マスコミに従事する人のように、事件にかかわった人々の悪事を報道しては余生がよくはなかろう。

○テレビは考える時間を奪う。受動的な人間をつくる。ラジオ・テレビが出て来て、寺の参詣が激減。後生の大敵だ。

○テレビは、つまるところ映像の世界だ。何の実在でもないものをあたかも実在のように見せかける。

○マスコミは好奇心に奉仕、虚無に餌を与えつづける。どうでもいいことに、私たちはうつつをぬかしているわけだ。

あとがき

拙著出版についていろいろな方にお世話になりました。出版をお引き受けくださった永田文昌堂、報光社　荒木淳氏、福田泰子氏、吉田弘子氏、三島淳子氏にあつく御礼申し上げます。

著者略歴

松 塚 豊 茂（まつづか・とよしげ）

1930年，奈良県大和郡山市に生まれる．1955年，京都大学文学部哲学科（宗教学）卒業．1960年，同大学大学院博士課程単位修得退学．京都大学博士（文学）．専攻，宗教哲学．島根大学名誉教授．日本宗教学会名誉会員．

〔著書〕『ニヒリズム論攷』，『倫理学講義』，『石見の善太郎』，『浄土の光　－学生への手紙』，『聞光録』，『光を聞く－聞法・信心』，『良寛に学ぶ』，『浄土教思想の哲学的考察』，『真実の人－妙好人』，『絶望の論理』，『ニヒリズムと往生要集』，『愛と罪』，『光を聞く－生・老・病・死』，『法句経を読む』，『光を聞く－人間・人間関係』，『蓮如御文章の研究』，『浄土と虚無』，『正信偈の研究』，『真宗随想』，『教行信証を生きる』

〔監修〕『いのちに光る－甚野諦観先生遺稿集－』．

光を聞く（続）

―どう生き どう死ぬか―

二〇二四年十一月一日　発行

著　者　松塚豊茂

発行者　永田唯人

発行所　永田文昌堂

〒六〇〇－八三四二
京都市下京区花屋町通西洞院西入
電　話（〇七五）三七一－六六五一
ＦＡＸ（〇七五）三五一－九〇三一

印刷・製本　株式会社　報　光　社

〒六九一－〇〇〇一
島根県出雲市平田町九九三
電　話（〇八五三）六三－三九三九
ＦＡＸ（〇八五三）六三－四三五五
E-mail：info@hokosya.co.jp

ISBN978-4-8162-6269-2 C1015